오피스 체인지
4.0

챗GPT 시대, 상위 1% 기업만 알고 있는 오피스 혁명

오피스 체인지 4.0

초판 1쇄 인쇄 2023년 5월 17일
초판 1쇄 발행 2023년 5월 24일

지은이 김한

발행인 백유미 조영석
발행처 (주)라온아시아
주소 서울특별시 서초구 효령로34길 4, 프린스효령빌딩 5F

등록 2016년 7월 5일 제 2016-000141호
전화 070-7600-8230   **팩스** 070-4754-2473

값 16,000원
ISBN 979-11-6958-062-5 (03320)

라온북은 독자 여러분의 소중한 원고를 기다리고 있습니다. (raonbook@raonasia.co.kr)

챗GPT 시대, 상위 1% 기업만 알고 있는 오피스 혁명

오피스 체인지 4.0

김한 지음

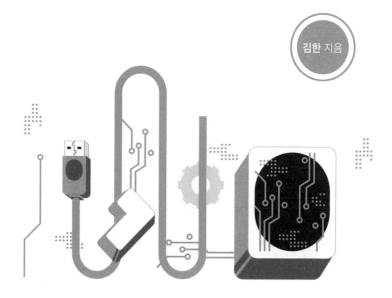

RAON
BOOK

내 옆자리에 없는 동료와 함께 일하기

챗GPT의 등장으로 세간이 떠들썩하다. 나 또한 처음 챗GPT를 사용했을 때 적잖이 놀라지 않을 수 없었다. 생각보다 내 말을 잘 알아듣고, 맥락에 맞는 답을 10초도 되지 않는 시간 안에 내놓았다. '사람의 지능'을 뛰어넘는 정도의 대답은 아니었지만, 챗GPT를 활용한다면 인간의 인지적 자원을 더 효율적으로 사용할 수 있음은 분명해 보였다.

챗GPT에 대해 주목했던 이유 중 하나는 챗GPT를 개발한 오픈AI가 맺고 있는 '파트너십' 때문이었다. 챗GPT의 가치를 누구보다 빠르게 알아보고 투자했으며, 장기적인 협력 관계를 맺고 있는 대표 기업이 바로 마이크로소프트다.

2023년 1월, 마이크로소프트는 오픈AI와의 파트너십을 공식 발표했다. 알려진 투자액만 해도 약 100억 달러다. 마이크로소프트는 연이어 2023년 3월, 마이크로소프트의 대표 프로그램인 MS365에 AI를 기술을 접목시킨 AI 업무 자동화 도구 'MS 365 코파일럿(Copilot)'을 공개했다. 마이크로소프트 CEO 사티아 나델라는 "AI와 함께 생산성 향상의 새로운 물결을 일으키겠다"라는 포부와 함께 구체적인 서비스를 발표했다. 허울뿐인 혁신이 아닌 피부에 닿는 구체적인 형태의 혁신이 눈앞으로 다가왔음을 체감했다.

챗GPT를 한 번이라도 이용해 본 사람은 이것이 우리 일상에 미칠 영향이 지대할 것이라는 것을 직감적으로 알 것이다. MS의 행보, 생성형 AI라는 챗GPT의 특징으로 보아, 일터에서의 변화가 가장 가파를 것으로 예상된다.

사실 변화는 챗GPT가 대두되기 한참 전부터 진행되고 있었다. 그저 그것을 체감하지 못한 사람이 많았을 뿐이다. 챗GPT는 하나의 도화선이 될 것이고, 변화하지 않는 기업의 미래는 낙관적이지 않을 것이다.

스마트오피스 열풍으로 어느 기업은 2,000평을 스마트오피스로 구축해 자율좌석제를 공들여 도입했다. 하지만 코로나19가 점점 종식되면서 직원들이 재택을 벗어나 사무실로 복귀하고, 회사는 다시 고정좌석제로 전환하면서 사무 환경은 물론 일하는 문화에도 혼란을 겪고 있다. 그런 차에 사무실 이전 계획이 잡히자, 이번에는 스마트오피스 구축을 제대로 해보자는 취지로 공간설계 이전에 스마트오피스 타당성 분석과 방향성 컨설팅을 의뢰해 왔다.

많은 기업이 일하는 문화의 변화는 시대적 요구에 맞춰 필요성을 공감하며 추진하고자 하지만, 우리 기업에 딱 맞는 사무 환경 구축에 어려움을 호소하고 있다. 최근에도 한 그룹에서 사무 환경 구축으로 설계를 부탁해 담당자들과 미팅을 가졌다. 400평 규모의 사무실을 임대해, 사무 환경을 개선할 계획이었다. 그런데 담당자들은 자기 기업에 맞는 사무 환경의 타당성과 방향성을 정하기도 전에 몇몇 힘 있는 빅마우스의 의견을 따라갈 수밖에 없는 이유를 설명한다. CEO 직속 부서의 영향력이 있으니 어쩔 수 없다는 눈치다.

집 인테리어를 하는 과정에서 구성원 중 한 명이 자기

취향을 고수한다면 들어줄 수 있다. 하지만 기업은 몇몇 빅마우스의 의견으로 구축되어서는 안 된다. 빅마우스들은 사무 환경을 진단하고 그에 맞는 해결책을 제시할 수 있는 전문가가 아니다. 그들은 그들만의 전문 분야가 있다.

빅마우스는 이 그룹에만 있는 것이 아니다. 어쩌면 총무부서의 시설담당 팀장이 빅마우스가 될 수 있고, 우리 중 누구라도 빅마우스가 될 수 있다. 사무 환경은 이제 인테리어가 아니다. 가구 배치로 누군가의 자리를 하나 만들어줘야 하는 자리싸움이 아니다.

특히나 일문화 혁신을 위한 사무 환경 개선은 기업의 경쟁력을 확보하기 위한 중요한 의사 결정이다. 그러나 많은 이들이 사무 환경 설계와 디자인 이전에, 특히 막대한 비용이 들어가는 시공 이전에 사무 환경 진단 및 솔루션 컨설팅의 중요성을 인지도 못하는 느낌이다.

이 책에서는 기업이 변화시킬 수 있는 가장 대표적이고 중요한 요소인 '공간'과 '일문화'에 대해 논의하고자 한다.

먼저 1부에서는 포스트 코로나 시대의 '사무실 복귀'의 진정한 의미를 짚어보고, 우리 기업에 알맞은 사무 공간을 구축하기 위해서 어떤 과정이 필요한지에 대해 이야기해 볼 것이다.

스마트오피스에 대한 관심과 효과가 검증되기도 전에 '하이브리드 오피스'라는 사무 환경 변화의 신조어가 등장했다. 하이브리드 오피스는 '사무실 다이어트'로 작지만 가장 효율을 극대화해 공간의 일하는 문화를 혁신하며, 비용을 절감하자는 콘셉트다.

또 하나의 고개를 내미는 사무 환경의 변화는 '라이프스타일 오피스'다. 라이프스타일 오피스는 사무 환경을 내 집처럼 편안하게 만드는 것이다. 하루 종일 보내는 공간을 개선해 4차산업이 불러온 인재 확보 전쟁에 우위를 점하자는 기업의 일문화 혁신의 가치로 시작하게 됐다. H그룹 계열사에서는 이미 이를 위한 추진팀이 신설되어 전사에 확산할 조짐이다.

하이브리드 오피스, 거점오피스, 스마트오피스, 공유오피스, 라이프스타일 오피스, 콘택트 허브 오피스 등 앞으로 사무 환경의 변화는 새로운 경쟁력을 확보하기 위한 기업의 사활을 좌우할 수 있는 변수가 될 수 있다.

2부에서는 기업 혁신의 궁극적인 동력인 일문화 혁신

에 대해 '리모트워크'를 중점으로 논의할 것이다. 왜 리모트 워크 시스템이 구축된 기업이 이 시대의 위너가 될 것인지, 그렇다면 리모트워크란 무엇인지, 리모트워크 구축의 핵심과 진행 단계는 어떻게 되는지 상세하게 다루어 볼 것이다.

4차산업, 포스트 코로나, 챗GPT 등 굵직한 변화들로 인해 세계가 요동치고 있다. 이런 중요한 시기에 기업의 지속성장 가능성을 확보하기 위한 공간(사무 환경)과 일문화의 혁신은 말 그대로 필수적이다. 여전히 기업의 중심은 사람이고 인재다. 사람을 담아내는 틀인 사무 환경과 사람들이 만들어가는 동시에 사람들에게 깊은 영향을 미치는 일문화는 다시 한 번 생각해도 소홀히 할 수 없는, 몇몇 빅마우스의 의견으로 결정할 수 없는 중요한 일이다.

스티븐 코비는 그의 저서 《성공하는 사람들의 7가지 습관》(김경섭 역, 김영사, 2017)에서 "소중한 것을 먼저 하라"라고 말한다. 이 책을 통해서 우리 기업의 소중한 것, 그러므로 가장 먼저 해야 할 것이 무엇인지 모두가 알아차릴 수 있길 바란다.

김한

1부
챗GPT 시대 오피스 체인지 4.0, 어떻게 구축해야 하는가

1장 비용과 시간을 줄이는 사무 환경 진단 및 솔루션 컨설팅

2부
오피스 체인지 4.0의 코어, 리모트워크

3장 리모트워크 시스템을 구축한 기업이 위너가 된다

4장 상위 1% 사장들만 이해하고 실행하는 '리모트워크'

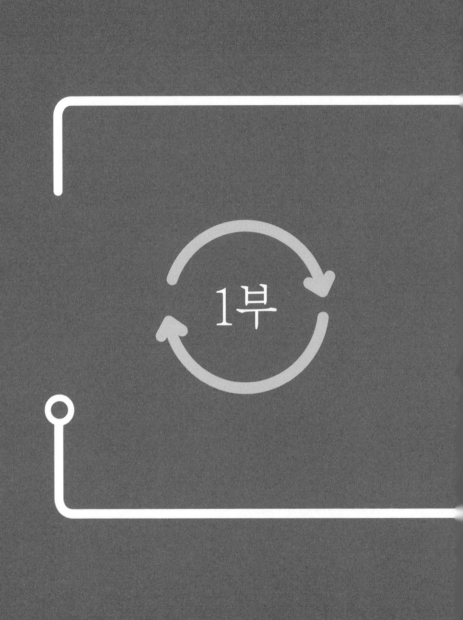

챗GPT 시대 오피스 체인지 4.0, 어떻게 구축해야 하는가

• • •

비용과 시간을 줄이는
사무 환경 진단 및
솔루션 컨설팅

2023년, 사무실 복귀의
진정한 의미는 무엇인가

사무실 복귀는

'회복'이 아니라 '후퇴'다

리모트워크 도입 부서로 선
정되어 약 6개월 동안 재택근무 및 원격근무를 실시한 직
장인 H는 얼마 전 회사로부터 사무실 복귀를 권고받았다.
'권고'라 했지만 사실 선택지는 없었다. 코로나19 대응을
위해 전사적으로 실시했던 '사무 환경 혁신' 프로젝트가 종
료됨에 따른 수순이었다. 사측은 그에 더해 '생산성 감소'와
'소통의 어려움'을 이유로 들었다. 사무실로 복귀한 H는 시

간이 지날수록 사측의 리모트워크 철회 이유가 납득되지 않았다. 출퇴근과 사무실에서의 감정 노동으로 쌓이는 스트레스는 만만치 않았고, 리모트워크에 맞추어 두었던 프로그램과 업무 매뉴얼 등을 수정하는 일에도 힘이 많이 쓰였다. 본연의 업무에 대한 집중도 또한 떨어졌다.

H의 사례는 특수한 경우가 아니다. 현재 전 세계에서 산발적으로 이러한 '리모트워크' 철회가 일어나고 있고, 당사자들의 불만은 차곡차곡 쌓여가고 있다. 이것은 추후 어떠한 형태로든 해소되어야 할 것이며, 이에 따른 비용 또한 적지 않을 것으로 예상된다.

기업들이 애써 변화의 궤도 위에 올려둔 사무 환경과 일문화 혁신을 중단하는 이유는 무엇일까? 표면적으로는 코로나19의 영향력이 줄어들었기 때문이라 말하지만, 속사정은 그리 간단하지 않을 것으로 보인다. 애초에 코로나19가 완화되었기 때문에 '회복'의 관점에서 이전으로 돌아간다는 시야 자체는 모순이 많다. 왜냐하면 사무 환경과 일문화 혁신은 코로나19에 대응하기 위한 단기 전략이 아닌 애초에 일어날 변화였고, 코로나19는 그 변화를 앞당기는 '도구'일 뿐이었기 때문이다.

하지만 많은 기업이 변화에 따른 리스크를 코로나19를 위해 감수해야 할 것으로 치부하고, 코로나19가 완화되자 리스크를 줄인다는 명목으로 되려 리스크를 늘리고 있다. 리모트워크 및 사무 환경 변화를 실행하며 겪는 여러 문제들은 잘못된 길로 들어서 만난 함정들이 아니라, 일종의 성장통이다. 성장통이 두려워 성장 이전으로 돌아간다는 건 현명하지 못한 선택이다.

왜 직원은 원격근무를 원하고, 기업은 사무실 복귀를 권고하는가

기업이 이전으로 돌아가기를 선택하는 것이 현명하지 못한 처사라는 점은 여러 증상들로 유추할 수 있다. 대표적인 것이 노사 간의 갈등이다. 리모트워크를 경험한 직원들은 사무실로 복귀하라는 회사의 결정에 양가적인 감정을 가질 것이다. 완벽하지 못했기에 일어났던 문제(가령 신규 직원과의 관계 형성, 업무 맥락 파악, 업무 감시)가 자연스럽게 해소된 것에 대해 만족감을 느끼면서도 리모트워크를 하면서 누렸던 생산성 향상과 부차적 스트레스 감소, 자율성 고양, 일과 생활의 균형에서 오는 행복감 등을 상실했다고 느낄 것이다.

하지만 전자(리모트워크의 불완전성으로 인한 문제들)는 향후 시행착오들을 겪으며 보완해 나갈 수 있는 반면, 후자(리모트워크의 장점)는 사무실 복귀가 결정된 이상 다시 누릴 수 없다는 것을 우리 모두 알고 있다. 때문에 많은 직원들이 이러한 회사의 결정에 반발하고 있는 것이다.

변화의 궤도에
올라타는 법

국내외 가릴 것 없이 많은 기업이 코로나19 이전의 세계로 복귀하려는 움직임을 보이고 있는 상황에서 사무 환경 변화, 일문화 혁신이라는 의제는 더 이상 매력적인 것으로 보이지 않을 수 있다. 하지만 코로나19와 상관없이 여러 리스크를 효과적으로 개선해 나가며 사무 환경과 일문화 혁신을 점점 더 고도화하고 있는 기업들이 있다. 나는 이 기업들이 가까운 미래의 파이를 차지하게 될 것이라고 본다.

코로나19로 가속화된 사무 환경, 일문화 혁신 과정에서 왜 어떤 기업은 과거로 돌아가기를 선택했을까? 또 어떤 기업은 어떻게 이 시기를 통해 경쟁력을 공고히 하게 되었을까? 더불어 우리 기업이 변화의 궤도에 안정적으로 올라타기 위해서는 어떤 방식을 선택해야 할까? 그 답에 대해 함께 알아보자.

어떤 기업이 사무 환경 변화에 성공하고, 또 실패하는가

알맞은 단계의 혁신을 추구한 A기업, 극단의 자율성을 추구한 B기업

나는 많은 기업의 사무 환경 변화 프로젝트에 참여하면서, 같은 비용과 노력을 들이고도 어떤 기업은 사무 환경 변화에 성공하고, 또 어떤 기업은 실패하는 것을 지켜봐 왔다. 공간 변화와 제도 도입을 시작하기도 전에 삐걱거리는 기업, 좋다는 요소를 모두 넣었지만 다시 이전으로 돌아가는 기업, 작은 변화로 큰 효과를 내는 기업, 혁신에 혁신을 거듭하며 일문화를 선도해 가는 기업 등 다양한 상황들을 경험했다.

각 기업마다 이러한 차이가 생기는 이유는 무엇일까? 아래 비슷한 규모를 가진 A기업과 B기업의 사무 환경 변화 프로젝트 비교를 통해 함께 살펴보자.

A기업은 신사옥으로 이전하면서 스마트오피스 도입과 일문화 혁신을 시도했다. 총 5개 층으로 이루어진 사옥의 2층, 3층, 4층 총 3개 층을 스마트오피스로 설계했고, 리모트워크를 염두에 두고 좌석 배치, 시스템 도입 등을 시도했다. 스마트오피스는 크게 집중 업무 공간, 개방형 업무 공간, 캐주얼 미팅 공간으로 나누었으며 각 층에 모두 회의실을 두었다. 모든 구성원이 1층 로비에 있는 좌석 예약 시스템을 통해 업무 공간을 정했으며, 좌석이 고루 분포될 수 있도록 부차적인 가이드라인을 세웠다.

회의실 또한 용도에 맞게 공간을 사용하기 위해 예약시스템, 예약 자동 해지 시스템 등을 도입했다. 리모트워크의 경우, 부서별 재량에 맡기되 특수한 경우가 아니라면 주 3회를 한도로 했다. 오후 1시부터 4시까지는 구성원 전체가 집중적으로 일하는 시간으로 설정했으며, 미팅 횟수를 줄이면서도 업무 맥락이 흩어지지 않도록 하기 위해 협업 툴을 통해 최적의 워크플로(Work Flow)를 기획했다.

B기업의 경우, 기존의 사옥을 리모델링하면서 2개 층에 스마트오피스를 시범 도입했다. 시범 도입 후 순차적으로 모든 공간에 스마트오피스를 적용할 계획이었지만, 결과적으로 2개 층에 그치고 말았다.

추가 도입을 위한 인터뷰에서 B기업 구성원들은 오히려 일하기가 더 까다로워졌다는 피드백을 주었다. B기업은 초기 상담을 할 때부터 공간과 일문화 혁신에 대한 구성원들의 염려가 있었고, 그 염려는 B기업이 더 많은 '태틀웨어(Tattleware, 직원 모니터링 소프트웨어로 웹 검색 및 앱 사용을 감시하거나 무작위로 스크린샷을 캡처하는 방식)'을 사용하게 만드는 원동력이 되었다(홍용남, "신뢰를 만드는 극단의 가시성", 〈북저널리즘〉, 2022. 12. 14.). 또한 업무시간, 근무장소, 협업 툴 사용 등을 부서별 자율에 맡기면서 부서 간 협업과 맥락 공유가 어려워졌으며 무분별한 미팅으로 회의실 부족 현상이 있었다.

B기업은 형평성 논란을 겪어야 했다. 극단의 자율성 추구는 오히려 서로를 감시하는 문화를 만들었고, 큰 소통 비용을 치러야 했다. 그렇게 B기업은 스마트오피스 및 일문화 혁신 시범 도입에 그치게 되었다.

사무 환경 변화 성공의 키워드:
일문화, 형평성, 소통

A기업과 B기업은 어떤 점에서 차이가 있었을까? 두 기업의 주목할 만한 차이점을 표로 정리하면 아래와 같다.

| A기업과 B기업의 차이점 |

구분	A기업	B기업
일문화	자율성 강화	감시적 일문화
형평성	합의된 제도로 형평성 관리	무분별한 도입으로 형평성 훼손
소통	시스템 기반 원활한 소통	소모적인 회의 증가

A기업과 B기업은 일문화, 형평성, 소통 세 분야에서 큰 차이를 보였다. 자율성은 스마트오피스와 일문화 혁신을 위한 기업문화의 가장 근본이 되는 요소다. A기업은 자율을 지향하되 최소한의 가이드라인을 세워 혼란과 소모적인 시행착오를 줄였다. 반면 B기업은 극단적인 자율성을 추구하는 과정에서 오히려 자율성 확보가 어려워지고 서로 감시하는 문화가 조성되었다.

형평성 또한 마찬가지다. A기업은 형평성을 고려해 사무실 좌석과 리모트워크 실행에 섬세하게 접근한 반면, B기업은 시스템의 부재로 구성원 간 신뢰가 훼손되었다.

마지막으로 소통의 경우도 A기업은 다양한 툴을 이용해 시스템을 적절히 기획했기에 소통의 질이 유지되었지만 B기업의 경우 '소통＝미팅'이라는 공식 하에 소모적인 회의로 인해 구성원들의 불만을 유발하고 생산성에도 좋지 않은 영향을 미쳤다.

성공 사례를 따라 하면
우리 기업도 성공할 수 있다?

이처럼 성공적인 사무 환경, 일문화 혁신을 위해서는 일문화, 형평성, 소통 방식 등의 요소를 고려해야 한다. 그렇다면 성공 사례를 분석해 전략을 세워 우리 기업에 도입하면 되는 것일까? 반은 맞고, 반은 틀렸다고 할 수 있다.

위 세 요소의 공통점은 기업의 규모, 기존 공간과 문화, 구성원의 인식에 따라 관리법이 다르다는 것이다. 그렇기 때문에 무조건적으로 성공 사례를 따라 도입하기보다는 각 기업을 고유한 인격체라고 생각하고 분석한 후 전략을 세

워야 한다.

그 과정에 '사무 환경 진단 및 솔루션 컨설팅'이라는 이름을 붙여보았다. 앞으로 이어질 장에서 '사무 환경 진단 및 솔루션 컨설팅'을 통해 어떤 공간과 문화의 혁신이 가능한지, 혁신의 기대효과는 무엇인지, 그 과정은 어떠한지 구체적인 사례와 함께 살펴보자.

챗GPT 시대 기업의
사무 환경 변화 트렌드

"우리가 기대했던

사무 환경이 아니에요!"

           많은 기업이 큰 비용과 긴 시간을 들여 사무 환경을 개선하고도, '우리가 원했던 건, 기대했던 건 이런 것이 아니라고' 이야기한다. 이런 현상이 생기는 이유는 무엇일까? 그것은 '사무 환경 개선'을 바라보는 시선에 오류가 있기 때문이다.

    당신에게 '사무 환경 개선'은 목적에 가까운가? 아니면 수단에 가까운가? 많은 기업이 공간 변화의 가치를 발견하지 못하고, 또 그에 따른 효과를 맛보지 못하는 이유는 그들이 '사무 환경 개선' 그 자체만을 목적이라고 여기기 때문이다.

'변화'는 이제 기본적인 조건이 되었다. 그렇기에 모두가 변해야 한다는 것은 안다. 그리고 발 빠르게 바뀌어야 한다는 압박을 가지고 있다. 그렇기에 공간 개선 그 자체를 목적으로 착각하게 되기 쉬운 것이다. 하지만 중요한 것은 다음과 같은 질문에 있다.

기성복이 아닌
'맞춤복'이 필요하다

당신은 왜 변하려 하는가? 이 질문은 '사무 환경 개선'의 궁극적인 목적을 묻는 질문이다. 즉, 사무 환경 개선은 그 자체로 목적인 것이 아니라, 궁극적인 목적을 이루기 위한 수단인 것이다.

'사무 환경 개선'의 진정한 목적은 기업이 지금의 시대 속에서 생존하고, 나아가 시대를 이끌기 위함이다. 새로운 패러다임을 원하는 인재들이 마음껏 일할 판을 만들고, 이

전 틀에 갇히지 않은 다른 차원의 생산성을 개발하기 위함이다. 즉, 공간을 바꾸어 새로운 '일문화'를 육성하기 위함이다.

모든 기업은 일문화 혁신을 통해 '4차산업혁명'이라는 시대적 상황을 돌파해야 한다는 목표는 같다. 그러나 현재 가지고 있는 기업 문화, 사업의 성격, 구성원의 성향 등에 따라 걸어야 할 길은 모두 다르다. 그렇기 때문에 그저 앞선 성공 사례만 보고 유사한 공간을 구축하면 잘될 것이라는, 목적에만 초점이 맞춰진 상태라면 원하는 것을 얻기는 어려울 것이다.

다시 한 번 강조하지만, 공간은 목적이 아니라 수단이 되어야 한다. 공간을 수단으로 잘 활용하기 위해서는 먼저 '우리 기업은 어떤 일문화를 원하는지' 질문할 필요가 있다. 모든 기업에는 각각의 기업에 알맞은, 맞춤복과 같은 사무 환경이 필요하다. 이 장에서 '사무 환경 트렌드'라고 말하는 것은 각각의 맞춤복 사이에서 유난히 부각되고 겹치는 경향들이 모여 하나의 개념이 된 것들이다. 쉬운 이해를 위해 몇몇 트렌드를 소개할 것이지만 결국 우리 기업에 필요한 것은 누군가의 성공 사례인 기성복이 아니라, 맞춤복이라는 걸 잊지 않아야 한다.

최근의 사무 환경에 대한 트렌드 여섯 가지로 분류해 볼 수 있다. 각 사무 환경들이 어떤 특징을 가지고 있는지 알아보자.

하이브리드 오피스: 오피스 공간의 효율 극대화

하이브리드 오피스는 '사무실 다이어트'를 통해 공간의 효율을 극대화하고자 하는 기업에게 알맞은 오피스 형태다. 또한 재택근무와 사무실 출근이 혼합된 형태의 일문화에 적절하다.

리모트워크 적용 허들은 부서마다 그 높낮이가 다르다. 노트북으로도 무리 없이 일할 수 있으며 민감한 보안 사항이 없는 팀이라면 리모트워크 도입에 큰 어려움이 없다. 그런데 업무 시 장비 또는 물리적 공간을 필요로 하거나 보안이 중요한 팀이라면 성급하게 도입하기보단 준비 과정을 충분히 거치는 것이 현명하다. 이런 상황에서 하이브리드 오피스는 즉시 변화를 시작하면서도 리스크를 줄일 수 있는 오피스 형태다.

거점오피스: 리모트워크와 사무실 근무의 장점을 고르게 확보

거점오피스는 구성원들의 주거지와 교통 편의, 사업 영역 등을 종합적으로 고려해 근무지를 분산 구축하는 오피스의 한 형태다. 재택근무의 가장 큰 장점으로 꼽는 출퇴근 시간 스트레스 감소를 확보하면서도 직원들 간의 유대, 홈 오피스 구축의 어려움이 있는 직원들의 요구를 받아들일 수 있기 때문에, 각 근무 유형의 장점을 모두 취한다는 평가를 받는다. 활동 범위가 넓고 규모가 큰 기업들이 주로 활용하지만, 작은 조직 또한 효과적으로 운영 가능하다.

스마트오피스: 구시대적 기업 문화에서 빠르게 벗어나기

자율좌석제, 유연근무제, 수평적 관계 형성 등 기존의 구시대적 사무 환경에서 벗어나려는 기업들을 주축으로 활성화된 오피스 유형이다. IT 기술이 강조되는 추세이지만 문화적인 측면으로 넓게 접근하는 것이 조금 더 정확한 접근이다. 스마트오피스 사무 공간에서 IT 기술은 수단으로 다뤄져야 한다. 기업문화, 일문화의 빠른 혁신을 원하는 기업에게 적절하다.

공유 오피스: 가볍게 시작하고, 네트워킹의 가치 극대화

공유 오피스는 '위워크'로 대표되는 오피스 형태다. 기존 비즈니스 모델은 공간 임대의 개념으로, 오피스의 필수 요소를 입주 기업 또는 개인(공간을 임대한 기업 또는 개인)이 공유해 비용을 절감하고 네트워킹 기회를 늘리는 것에 초점이 맞춰져 있다. 이러한 개념을 한 기업의 내부나 협력사 간의 관계 등에 적용해 구축할 수 있다. 비용 절감, 네트워킹 증대를 통한 원활한 협력이 장점으로 꼽힌다.

라이프스타일 오피스: 워라블, 집의 편안함을 사무실로

워라밸(Work and Life Balance)을 넘어 이제 워라블(Wok-Life Blending)의 시대가 다가오고 있다. 많은 인재들이 삶과 일을 분리하기보단 삶에 일을 녹여낸 라이프스타일을 추구하고 있다. 오피스 공간과 일문화도 이와 발맞춰 진화해야 한다. 라이프스타일 오피스는 이 부분을 중점에 두고 구축한

업무 공간이다. 집의 편안함, 안락함, 안정감 등의 기능을
오피스 공간에 녹여 사용자의 오피스 경험의 질을 높일 수
있다.

콘택트 허브 오피스: 리모트워크에서 유대감과 소통의 가치 지키기

마지막으로 콘택트 허브 오피스는 '사무실은 일하는 공
간'이라는 패러다임에서 벗어난 오피스 공간이다. 리모트
워크에 어느 정도 익숙해진 기업들에게 적절하다. 고도화
된 리모트워크 속에서 오피스는 '콘택트 허브', 즉 단순히
일하는 공간이 아니라 만나서 유대를 쌓고 소통을 증진시
키는 공간으로 기능해야 한다. 콘택트 허브 오피스는 그것
을 고려해 가고 싶은 공간이어야 하며, 공간을 나누는 이들
과 진실한 소통을 할 수 있도록 도울 수 있어야 한다.

사무 환경 변화는
목적이 아니라 '수단'이다

앞서 말했듯 위의 분류는 이
해를 돕기 위한, 기성품으로 사무 환경을 바라보고 큼직하

게 분류한 것이다. 사무 환경 개선, 즉 공간의 변화가 그 자체에 목적을 두지 않고 '일문화 혁신'이라는 기업의 궁극적 목적에 도달하기 위한 효과적인 도구가 되기 위해서는 공간 설계와 가구 디자인, 시공에 앞서서 맞춤화 과정이 필요하다. 즉 기업의 공간, 문화, 구성원의 현재를 진단하고 알맞은 솔루션을 찾아내는 컨설팅 과정이 필수적이다.

가장 빠르고 안전한 길, 사무 환경 진단 및 솔루션 전문 컨설팅

공간 활용성과 협업 증대를 원한
P기업 컨설팅 사례

P기업의 CEO는 혁신적인 사고와 민첩한 실행력을 가진 인물로, 사무 환경 변화의 바람이 본격적으로 불기 전부터 공간이 사람과 문화에 주는 영향력을 명확하게 이해해 온 사람이었다. 그래서 사무 환경에 대해 관심이 많고 새로운 흐름을 적극적으로 활용해 왔었다.

여러 시행착오를 겪었지만, P기업은 자신들에게 알맞

은 고유한 사무 환경을 구축해 안정적인 시기를 보내고 있었다. 그런데 코로나19 이후 다소 혼란스러운 상황을 맞이하게 되었고, 이에 우리 회사 측에 컨설팅을 의뢰했다.

P기업은 한 빌딩의 4개 층을 오피스 공간으로 사용하고 있었다. 그중 한 층은 임원들의 업무 공간과 접견 공간으로 활용되는 상태였고, 나머지 층은 부서별로 분리해 사용 중이었다.

P기업의 공간을 처음 방문했을 때 들었던 생각은 바로 '개인주의적'이라는 것이었다. 그러한 추측은 P기업의 임직원들을 인터뷰하면서 더욱 확고해졌다. P기업은 구성원 개개인의 개성과 독립성을 존중했다. 임직원들 또한 개인적인 영역을 중시했으며, 효율적이고 컴팩트한 소통과 협업을 원했다.

P기업의 사무 공간은 기업 구성원들의 성격을 잘 반영한 공간이었지만, 코로나19에 의한 변화에 유연하게 대처하기는 어려운 공간이었다. 재택근무를 비롯해 리모트워크를 하는 인원이 증가함에 따라 사용하지 않는 '죽은 공간'이 늘어났고, 소통과 협업 또한 중요한 문제로 떠올랐기 때문이다. 또한 P기업은 컨설팅을 의뢰하기 전 몇 차례 공유

오피스, 스마트오피스 등의 콘셉트로 공간 개선을 시도했지만, 조직 구성원들의 불만으로 원상복구를 한 이력이 있었다.

이전의 실패 사례가 있었기에, 다소 경직된 분위기에서 컨설팅이 시작되었다. 기업의 임직원 인터뷰와 각 공간의 활용도 분석을 통해 사용률이 현저히 떨어지는 공간을 통합했다. 업무 공간의 경우 기존 사용 방식인 부서별 구획을 적절히 반영하는 동시에, 공간을 작업의 성격별로 분류했다. 보안, 개방성, 집중도, 리모트워크 활용 정도 등의 척도를 기준으로 공간을 구성하고, 각 층에 적절히 배정했다.

전체 업무 좌석은 리모트워크 업무 환경을 반영해 20% 정도 감소했지만, 각 구성원이 활용할 수 있는 공간은 증가했다. 산발적으로 배치되어 업무 집중도를 떨어트렸던 폰 부스, 회의실, 휴게 공간 또한 통합 디자인해 공간이 제 기능을 할 수 있도록 했다.

P기업은 개선된 공간을 베이스캠프로 삼아 효율적으로 소통하고, 또 집중적으로 일하는 문화를 발전시켜 나가고 있다. 더불어, 공간을 발판 삼아 인재 영입 및 생산성 증대를 위한 리모트워크 일문화 또한 빠르게 흡수하고 있다.

이렇게 발전 역량이 충분했던 P기업이 짧지 않은 기간 동안 내부적으로 혼란을 겪었던 이유는 새로운 문화를 담아낼 공간을 찾지 못했기 때문이다. 공유 오피스, 스마트오피스 등 다른 기업이 도입하고 효과를 보고 있었던 공간을 구축하는 등의 노력을 했음에도 P기업이 어려움을 겪은 이유는 크게 두 가지다.

첫째, P기업은 공간에 대한 기획(컨설팅) 단계를 건너뛰었다. 성공 사례를 그대로 적용하는 방식을 택했기 때문에 기획 단계에 중점을 두지 않고 바로 공간을 꾸리는 것에 집중했다.

둘째, P기업은 내부 각 부서마다의 입장이 달랐고, 그에 따른 갈등이 있었다. 물론 부서별 입장이 다른 것은 자연스러운 일이다. 입장 차이 자체는 문제가 아니나, 중립적인 관점에서 모든 입장을 고려하고, 통합하는 존재가 없을 때 문제가 발생한다. P기업에는 그런 역할을 할 구성원 또는 조직이 없었다. 따라서 공간을 개선하는 과정에서 의견이 고루 반영되지 않아 조직 구성원들의 심적 불편감을 초래했다.

위 두 가지 이유는 사무 환경을 개선하는 과정에서 설계, 시공 단계 이전에 왜 컨설팅 단계가 필요한지를 잘 설명해 준다. 사무 환경을 빠르고 안전하게 개선하기 위해서는 오피스 공간 기획에 대한 전문 역량을 가지고, 균형적인 시각으로 기업 내부의 상황을 종합적으로 진단해 솔루션을 도출하는 과정이 필수적이다.

이러한 과정은 셰르파가 등반객을 안내하는 과정과 유사하다. 셰르파는 등반객 내부의 존재는 아니지만 그들과 한 몸처럼 움직이며, 구성원들의 종합적인 상태와 날씨 등 외부 환경을 고려해 루트, 속도 등을 계획하며 그들의 성공적인 등반을 돕는다.

하지만 많은 기업이 이러한 컨설팅 과정의 존재 자체를 인지하지 못하거나 또는 눈으로 확인하고 만질 수 있는 결과물이 없다는 이유로 그것을 간과한다. 하지만 앞서 강조했듯 사무 환경을 진단하고 솔루션을 도출하는 컨설팅 단계는 뛰어넘어서는 안 되는 중요한 과정이다.

| 2장 |

● ● ●

상위 1% 기업만 알고 있는 사무 환경 진단 및 솔루션 전문 컨설팅

사무 환경 진단 및 솔루션
전문 컨설팅, 어떻게 할 것인가

일문화의 혁신은
어떻게 발생했는가

사무 환경은 기업의 일문화 형태와 무관하지 않다. 일문화 형태는 항상 생산성으로 그 효율성을 평가한다. 코로나19를 기점으로 기업의 일문화 형태가 생산성 이슈로 혼란을 겪으며 아직도 어디로 가야 할지 모른 채 요동치고 있다.

일문화 형태는 재택근무(WFH, Work From Home), 원격근무(Remote Work), 유연-탄력 근무(Flexible Blended Work), 하

이브리드 워크(Hybrid Work) 등 그 외에도 다양한 방법으로 시도되고 있다. 그리고 앞으로도 계속 변화될 것이다.

이렇게 급속도로 분화되는 일문화 혁신의 첫 번째 배경은 4차산업혁명에 따른 기술의 발달로 시간과 공간을 벗어나 자유롭게 일할 수 있게 된 것이다. 이 변화는 앞으로도 지속적으로 일어날 것이다.

두 번째 혁신의 배경은 코로나19로 인한 일하는 형태의 변화에 있다. 비대면을 요구하는 팬데믹 상황에서 재택근무는 필수 불가분의 요소로 일문화 형태에 영향을 주었다. 여기에 더해 4차산업을 주도하는 글로벌 기업들의 사무 환경인 스마트오피스를 바탕으로 한 사무 환경과의 혁신과도 맞물려, 기업의 일문화 형태는 발전하는 동시에 여러 혼란 속에서 파장을 일으키고 있다.

오피스 퍼스트와 재택근무, 어떤 것을 추구해야 하는가

코로나19가 끝나는 시점에서 많은 기업이 생산성을 이유로 사무실 출근을 원칙으로 하는 '오피스 퍼스트' 근무제를 실시하겠다고 발표했다. 사무실 복귀를 명령하는 기업이 있는 반면, 직원들에 대한 신뢰와 자율성을 부여할 때 가장 좋은 퍼포먼스를 낸다고 주장하며 여전히 재택근무 방식을 옹호하는 기업 또한 있다. 이런 요동치는 일문화의 격변기에 우리 기업의 사무 환경은 어디로 나아가야 하는 것일까?

우리 기업이 '오피스 퍼스트'를 주장하든 '재택근무 방식'을 선호하든, 변하지 않는 한 가지는 오피스 퍼스트와 재택근무 방식을 유연하게 '함께' 적용해야 한다는 사실이다. 회사의 일문화 성숙도와 생산성 지표 해석에 따라 그 중요성과 비율이 달라질 뿐이다.

이제는 스마트오피스의 형태도 단순하지 않다. 스마트오피스, 공유 오피스, 하이브리드 오피스, 거점오피스, 라이프워크 오피스, 콘택트 허브 오피스 등 기업의 일문화 변화에 따라 다양한 사무 환경을 요구하고 있다. 이렇게 다양화되고 있는 일하는 방식은 그 형태에 따라 각각 일장일단이 있다.

일문화 형태는 혁신적으로 변화하고 있는데 여전히 우리가 일하는 공간의 전초기지인 사무 환경은 비효율적으로 낭비되고 있다. 이제는 예전처럼 단순하게 지위와 팀에 따라 공간을 구성하고 내 자리를 주장하는 시대는 지났다. 이렇게 혼란스러운 상황 속에서 우리 기업에 맞는 사무 환경을 어떻게 구축할 것인가?

우리 기업에 맞는
사무 환경 구축하기

우리 기업에 맞는 사무 환경을 구축하기 위해서는 어떠한 프로세스가 필요할까? 인테리어 회사 몇 군데를 불러 공간을 설계하던 시대는 지났다. 지위에 따라 공간의 크기가 정해지고 직책에 따라 자리를 부여받고, 내 자리가 내 연봉을 결정하던 시대의 방법으로는 새로운 시대에 적응할 수 없다. 이제는 새로운 패러다임으로 사무 환경을 구축해야 하는 시대가 온 것이다.

이제는 우리 기업에 맞는 사무 환경의 타당성과 방향성을 파악하는 것이 더욱 중요해졌다. 일문화 형태의 변화가 기업의 생산성과 경쟁력을 좌우하는 시대에, 사무 환경은 기업의 일문화 형태를 혁신적으로 반영한 비전 있는 사무

사무 환경 진단 및
솔루션 컨설팅을 통한
타당성 및 방향성

IT(AI) 데이터
기반 사무 공간
메뉴얼 솔루션

사무 공간
설계 및
디자인/시공
(지속성장이 가능한
변화관리
가이드라인에 맞는)

환경으로 변화되어야 한다.

우리 기업에 맞는 사무 환경을 구축하기 위해서는 다음
과 같은 세 가지 요소를 고려해야 한다.

- 지속성장 가능한 기업의 일문화 혁신을 위한 우리 기
  업에 맞는 사무 환경 진단 및 솔루션 전문 컨설팅
- 지속성장 가능한 변화관리 가이드라인에 따른 사무
  공간 설계 및 디자인
- 지속성장 가능한 IT(AI) 기반 사무 공간 운영 매뉴얼
  솔루션

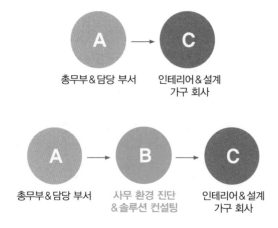

사무 환경 구축은, 이전에는 단순하게 A→C 방식, 즉 기업의 총무부 및 담당 부서에서 인테리어 회사들과 접촉해 설계와 디자인을 비교해 한 기업을 선정하는 방법이었다. 하지만 이제는 최소한 A→B→C 형태로 진행될 필요성이 생겼다.

그렇지만 여전히 많은 기업이 A→C로 가는 단순한 관행을 따르고 있다. 때문에 많은 기업이 생산성을 고양하고 경쟁력을 가질 수 있는 사무 환경을 찾지 못하고, 기업문화를 반영하지 못해 비효율적으로 기능하는 사무실에 머물고 있다. 제대로 된 사무 환경을 갖추기 위해서는 세분화된 전문가의 기술이 필요하다. 즉, B단계가 필요하게 된 것이다.

B: 지속성장 가능한 기업의 일문화 혁신을 위한 타당성
및 방향성(사무 환경 진단 및 솔루션)

B′: IT(AI) 기반 사무 환경 운영 메뉴얼 솔루션(IT 적용을
넘어서 좌석 운영, 회의실 예약 시스템까지)

그럼 본격적으로, A→C로 가는 방법만 아는 기업의 사
무 환경 구축 관행을 A→B→C로 바꾸는 것이 왜 중요한
지 변화 단계별로 이야기해 보자.

사무실 설계 전에 미리
전문가에게 진단받는 것이 중요하다

사례로 알아보는
컨설팅의 중요성

사무 환경 진단 및 솔루션 컨설팅은 기업의 지속성장 가능한 일문화 혁신을 위해 우리 기업에 맞는 사무 환경의 타당성 및 방향성(진단 및 솔루션), 변화관리 가이드라인을 컨설팅 받는 것이다. 사무 공간 설계와 디자인 전에 사무 환경 진단 및 솔루션이 왜 중요한가에 대한 이야기를 함께 나누어 보자.

앞에서 우리는 여전히 많은 기업이 급변하는 일문화 형

태에도 사무 환경 구축을 A→C로 가는 방법인 총무부, 시설팀에서 인테리어 회사에 설계를 의뢰하는 관행에 의지하고 있음을 짚어보았다. 이것이 기업에 어떤 영향을 주며 더 많은 혼란으로 시간과 비용을 낭비하는지 사례를 들어 함께 알아보자.

D기업의 사례

스마트오피스 열풍이 한창이던 시기, D기업은 수지에 2,000평 규모의 사무실을 가구 회사인 F사에 설계를 의뢰해 시공하고 자율좌석제를 도입했다. 이 과정을 총무부가 주관했고, A→C 프로세스에 따라 가구 회사, 또는 인테리어 회사에 의뢰해 공간을 구축했다. 그 결과 D기업은 생산성이 떨어진다는 이유로 수지에서 판교로 이전을 계획했다. 이번에는 기존 방식인 관행에서 벗어나기로 했고, 회사에 맞는 사무 환경 방향성과 타당성을 찾기 위해 컨설팅을 의뢰해 왔다.

A→C로 가는 프로세스에 들어간 시간과 비용은 어림잡아 몇십억 원이었다. 그 비용에 더해 기업의 생산성마저 떨어뜨리며 시간을 낭비한 비용까지 더하면 그 손실은 더

욱 클 것이다. A→C에서 A→B→C로 변경했을 때 드는
B의 비용은 손실되는 착오로 들어간 비용에 비하면 꼭 들
여야 할 투자다.

N기업의 사례

N기업은 15억 원을 들여 세종시에 스마트오피스를 구
축했다. 하지만 관행에 따라 A→C 방식을 취해 총무부에
서 인테리어 회사에 의뢰해 구축했다. N기업은 시간이 지
나도 그 공간의 생산성과 효율성이 향상되지 않고, 오히려
떨어지는 문제가 발생해 진단을 의뢰해 왔다.

진단을 하기도 전에 모 부서 직원과 인터뷰를 하는 과
정에서 우리는 놀라운 사실을 듣게 됐다. 그 공간을 사용하
려면 팀장에게 경위서를 제출해 승인을 받은 후에 가야 한
다는 직원의 하소연이 바로 그것이었다. 그 이야기를 듣고
A→C로 가는 방법의 위험성을 다시 한 번 실감했다.

두 기업의 사례를 통해 사무 환경 구축 시 A→C로 가
는 관행의 위험성을 이야기해 보았다. 이들뿐만 아니라 도
처에서 막대한 비용을 들이고 시간까지 낭비하며 방향성과

타당성을 잃어버린 기업들이 많다.

사무 환경을 구축할 때 A→B→C 단계의 중요성을 아는 기업은 드물다. A→C 단계가 오랫동안 기준이 되었기 때문이다. 하지만 이제 기업의 경영진들은 통찰력을 가지고 새로운 의사결정을 해야 한다. 사회가 복잡해질수록 경쟁력을 확보하기 위해서는 그 과정을 세분화하는 변화가 필요하고 그 세분화는 새로운 전문 분야를 요구한다. 사무 환경 구축에도 이런 변화가 시작되었다. 기업의 일문화 혁신을 위한 사무 환경 구축에 B의 과정을 전문적으로 다룰 전문가가 중요한 시점이 되었다.

남들보다 더 영민하게 변화를 알아차리고 적용하는 기업이 우위를 선점하는 모습을 우리는 수없이 목격했다. 우리가 아는 방법을 겸손하게 내려놓는 지혜를 가질 때, 새로운 방법들이 비로소 눈에 보이게 된다. 시대가 변해도 여전히 기업의 경쟁력은 사람에게 있다. 사람을 움직이는 일문화 혁신과 사람을 담아내는 틀인 사무 환경 구축은 군대가 전쟁시에 진지를 어디에 어떻게 구축하는가에 따라 전쟁의 승부가 갈리는 것만큼 중요하다.

사무 환경 개선 컨설팅을 통해 구축한 오피스의 기대 효과

리모델링 비용 450억 원, 그 결과는 어떻게 됐을까

A→C로 사무 환경을 구축하던 관행의 의사 결정을 A→B→C로 바꾸었을 때의 기대 효과에 대해 구체적으로 이야기해 보자.

국내 모 그룹 S사는 스마트오피스로 글로벌 경쟁력을 갖추기 위해 관행대로 총무부 시설팀에서 리모델링 관점으로 접근해 건축사무소에 스마트오피스를 의뢰했다. 들어간 리모델링 비용만 해도 450억 원이지만, 구축 후 일문화 변화는 일어나지 않았고, 여전히 오피스 퍼스트와 재택근무의 생산성 사이에서 고민하고 있다. 그런 중에 거점오피스를 추진하며 또 다른 변화를 모색하고 있다.

내부에서 그 분야의 전문적인 견해 없이 A→C로 의사결정하는 방법으로는 근본적인 해결법에 접근하기 어렵다. 만약 S그룹에서 A→C가 아닌 A→B→C의 새로운 프로세스로 사무 환경 구축에 접근했다면, 기업의 일문화는 혁신을 거쳐 달라져 있을 것이고, 어쩌면 450억 원이라는 비용과 투자가 생산성으로 연결되어 새로운 경쟁력을 가질 수도 있었을 것이다.

전문가에 맡겼을 때
어떤 기대 효과가 있는가

'B' 과정은 전문가의 영역이다. 이 영역의 전문가는 새롭고 날카로운 관점으로 기업의 일문화 형태를 파악하는 거시적 관점과, 조직 구성원들의 행동, 심리 등 사람을 보는 미시적 관점을 동시에 가지고 있다. 이를 통해 일문화 형태와 사무 공간을 연결하는 안목이 있는 사람이다. 단기간에 총무부나 시설팀에서 인테리어 및 가구 회사에 곧바로 의뢰하는 A→C 과정에서는 이러한 전문가의 시선과 판단이 누락될 수밖에 없다.

B의 영역이 포함된 '사무 환경 진단 및 솔루션 컨설팅'을 통해 구축한 오피스의 기대 효과는 아래와 같다.

먼저, 1차적으로 설계 시에 필요한 공간의 기능을 새롭게 정의하므로 시간과 비용을 절약할 수 있다. 단순히 리모델링이 목적이 아니라 공간의 효율을 증대하고 일문화의 기반을 다지는 일이기에 군더더기와 같은 설계 및 시공은 과감히 생략 후에 진행하는 것이 일반적이기 때문이다.

2차적으로는 시공 후에 들어가는 막대한 인테리어가 비용이 아니라 일문화 형태를 변화시키는 일문화 혁신의 방법으로 투자할 수 있는 믿음이 생긴다. 투자는 투기가 아니라 정확한 데이터에 의한 생산성이다. A→C로 공간을 구축했을 때 낭비되는 비용을 없앨 수 있으며, 공간을 가장 효율적으로 사용하므로 사무실 임대료 및 부대 비용을 절약할 수 있다. 더불어 지속성장 가능한 기업의 일문화 형태를 주관하며 새로운 경쟁력을 선점할 수 있다.

A→B→C 프로세스는 사무 환경 구축의 새로운 패러다임이다. A→C로 의사결정하는 옛 시대의 관행으로 어떻게 이 변화가 많은 혁신적 시대의 상황을 해결할 수 있겠는가? 물론 이 방법이 마술램프 지니처럼 완벽하게 해결하지 못할 수도 있다. 그러나 우리 기업에 맞지 않는 사무 환경으로 인테리어 한 뒤, 못내 아쉬워하며 예전으로 돌아가지도 못하고, 앞으로 가지도 못하는 일문화 혁신의 늪에 빠지는 일은 최소한 없을 것이다.

A→B→C 프로세스는 우리가 어디로 가고 있고, 또 왜 그곳으로 가려 하는지는 확실히 알고 발걸음을 디딜 수 있게 해준다. 미래를 알 수 없는 대변혁의 시대에는 이러한 지혜와 안목이 반드시 필요하다.

앞서 말한 대로, 사회가 복잡해지면 분야가 세분화되어 새로운 전문 분야들이 생겨난다. A→B→C 프로세스에서 B의 영역도 그렇게 탄생한 새로운 영역이자 블루오션이다. 새롭게 만들어지는 전문 영역은 어느 기업이 먼저 선점해 활용하느냐에 따라 기업의 커다란 경쟁력으로 작용한다.

프로와 아마추어의 차이는 디테일에서 다르다. A→C로 가는 의사결정 방법은 아마추어 영역이고, A→B→C로 가는 의사결정 방법이 새로운 프로의 영역이다. 이 단순한 차이가 시간이 지나면 명승부를 만드는 포석이 된다. 그렇기 때문에 우리는 A→B→C 프로세스에 대해 더 깊이 숙고하고, 그 과정을 함께할 수 있는 전문 기업을 파트너로 삼아야 한다.

사무 환경 개선
컨설팅 실행 사례

스마트오피스를 향한
오랜 열정

나는 10여 년 전부터 사무 환경의 중요성과 변화를 예견하고 스마트오피스 분야에 오랜 시간 노력하고 많은 기업과 함께해 왔다. 그 과정에서 《스마트오피스 모델의 탄생》(디자인그룹아침, 2016년 초판, 2019년 개정판)을 필두로 총 5종의 책을 출간하며 수많은 공공기관과 기업 강연회를 통해 그 중요성을 알려왔다. 그 덕분에 스마트오피스 분야 CEO 대상을 수상했고, 행정안전부 공간 컨설팅 분야 자문 위원을 역임하고 있다.

코로나19 이후로 많은 기업이 일문화 형태에 혼란을 겪고 있다. 이에 새로운 패러다임을 제시하기 위해 새로운 논의의 장이 필요하다는 생각이 들었다. 그렇게 이번 책을 집필하게 된 것이다.

특별히 이번 장에서는 G사 사례를 통해 사무 환경 진단 및 솔루션 컨설팅의 거시적 관점과 미시적 관점의 필요성에 대해 함께 알아보고자 한다.

SOCI 모델 과정의 세분화

G사는 친환경 건축 솔루션 전문 회사로 지구환경 지킴과 건축의 연관성을 연구해 컨설팅해 주는 회사다. 새로 회사를 창립하게 되었고 그런 회사의 스마트오피스 구축 인연으로 새로운 사무 환경 구축과 일문화 형태의 방향성을 위해 컨설팅을 의뢰해 왔다.

나는 이전 책인 《스마트오피스 모델의 탄생》에서 'SOCI 모델'을 소개했었다. SOCI 모델은 'Smart Office

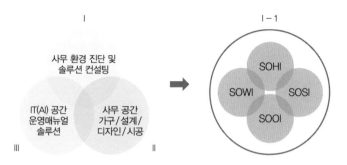

Culture Innovation'의 약자로, 스마트오피스와 기업문화의 혁신이라는 뜻을 담고 있다. 이를 기업에 잘 적용하기 위해서는 총 네 가지의 혁신이 필요한데, 바로 SOHI(Smart Office Human Innovation), SOOI(Smart Office Organization Innovation), SOSI(Smart Office Space Innovation), SOWI(Smart Office Working Innovation)이다.

나는 이 과정을 현 시대의 변화에 발맞춰 수정 제시할 필요를 느껴 더욱 세분화해 '사무 환경 구축 시 고려할 세 가지'로 정리하고, 이에 따른 '사무 환경 진단 및 솔루션 컨설팅 과정(Dr. PROFFICE)'을 정리해 함께 제시했다.

G사의 컨설팅 세부 내용은 기업 비밀과 연결되어 간략하게 중요성만 언급했다. 정리하자면 사무 환경 진단 및 솔루션 컨설팅이라는 새로운 전문 분야가 필요한 까닭을 설명

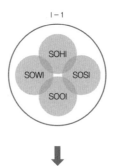

I-1

SOHI (Smart Office Human Innovation)

01 `SOHI
WHY? 왜 스마트오피스여야만 하는가?
새로운 시대에 맞는 우리 조직원의
패러다임 혁신을 위한 전체 임직원
'집단 통찰 의식' 수준의 한방향 정렬

SOOI (Smart Office Organization Innovation)

`SOOI 02
HOW? 어떻게 변화할 것인가?
스마트오피스 도입 전, 우리의
조직문화 현황을 분석하고, 조직문화
변화관리의 목표를 설정해 구축
가이드라인을 만들어내는 과정

04 `SOWI
WHAT? 구축 후 무엇을 해야 하는가?
스마트오피스 구축 후, 일하는 방법과 스마트한
문화 혁신의 솔루션을 제공함으로써 연결되고
개방된 공간 속에서 다양한 협업의 성과와 진보된
일 처리 방식 지속적 혁신을 추진하기 위한 과정

SOWI (Smart Office Working Innovation)

`SOSI 03
WHERE? 어떻게 나타낼 것인가?
2단계 SOOI의 변화관리 가이드라인,
디자인 가이드라인, 표준 모듈화의
결괏값을 공간 디자인(조닝, 레이아웃,
설계, 시공)에 반영하는 공간 구축의 과정

SOSI (Smart Office Space Innovation)

했고 A→C로의 사무 환경 구축의 문제점과 A→B→C로
의 사무 환경 진단 및 솔루션 컨설팅이 기업에 미치는 영향
에 대해 소개했다. 더 자세한 내용은 기업에서 요청하면 기
업에 맞게 다시 한 번 소개할 예정이다.

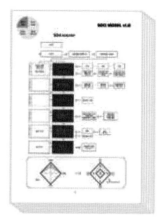

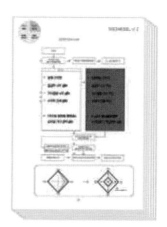

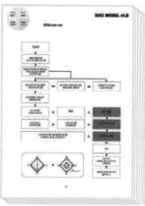

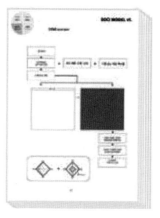

우리는 이 책에서 기업이 고민하는 두 가지 중요한 주제를 다루고 있다. 하나는 사무 환경 개선이라는 스마트오피스에 대한 것이고, 또 하나는 리모트워크라는 스마트워크에 대한 것이다. 스마트오피스와 스마트워크의 연결성과 핵심을 올바르게 이해할 때 기업은 급변하는 세계의 글로벌 경쟁력을 통한 지속 성장 가능한 기업의 일문화 혁신을 가능하게 할 수 있다.

1부 '챗GPT 시대 오피스 체인지 4.0, 어떻게 구축해야 하는가'의 밑바탕 기저에는 '우리 기업이 스마트워크를 통해 어떻게 기업의 생산성을 극대화할 수 있는가?'라는 질문이 있다. 이어지는 2부 '오피스 체인지 4.0의 코어, 리모트워크'에서는 앞으로는 언제 어디에서나 일할 수 있는 시대가 올 것이고, 이미 상당 부분 변화가 일어나고 있는데, 그렇다면 우리가 일하고 있는 현재의 사무 환경과 일문화를 어떻게 그 변화에 맞게 혁신할 수 있을지에 답해보려 한다.

'스마트오피스'라는 사무 환경 개선과 '리모트워크'라는 스마트워크는 동전의 양면 같은 것이다. 세상의 가장 기본적인 원리는 음양의 법칙에 따라 작동한다. 스마트오피스가 눈으로 볼 수 있는, 양적인 성질을 가지고 있다면, 스마트워크는 눈에 보이지 않는 음적인 성질을 가지고 있다. 이 두 가지 영역이 올바르게 형성되어 조화될 때 가장 좋은 시너지 효과를 발휘할 수 있다.

"우리 기업에 맞는 사무 환경, 어떻게 구축해야 하는가?"라는 질문을 눈에 보이는 대로 공간으로만 해석하고 다루어 임원실, 회의실, 업무 공간, 탕비실 등의 물리적 영역에만 초점을 맞춘다면 일문화 혁신의 본질에 접근하기 어렵다.

일문화 혁신의 감추어진 핵심 질문은 "4차산업의 혁신적인 기술은 시공간을 초월해 생산성을 극대화할 수 있는 방향으로 급진적으로 발전하는데, 우리 기업은 어떻게 그 기술을 기업의 일문화에 접목해 기업의 경쟁력을 극대화하지?"이다. 이 본질을 이해하고, 이것에 초점을 맞추어야 한다. 눈에 보이는 대로 단순하게 해석하는 것은 다른 말로 하면 '생각이 없다'는 것이다. 이 치열한 4차산업의 글로벌 경쟁력을 선점하기 위한 기업의 전쟁에 '아무 생각 없이' 임하는 것은 끓는 솥 안의 개구리보다 어리석은 것이다.

'사무 환경 진단 및 솔루션'은 시대가 가지고 있는 동전의 양면을 올바르게 이해하는 것이다. 우리 기업의 현재 상황을 분석한 다음, 스마트워크와 스마트오피스의 연결을 통해 기업의 일문화에 접근해서 올바른 방향성을 찾을 수 있게 돕는 과정이다. 기업의 사무 환경 개선을 인테리어로 아무 생각 없이 접근하고 해석하는 우를 범해 금전적, 시간적 손해를 감당하는 기업이 더 이상은 생기지 않았으면 좋겠다.

우리가 2부에서 다루고자 하는 '기업 성장의 코어, 리모트워크'는 우리 기업의 경쟁력과 생산성을 극대화하기 위한 4차산업의 핵심 기술을 어디에서부터 시작하고, 지속 성장시킬 수 있는지 다루고, 1부에서 이야기했던 공간(사무 환경) 혁신과 어떻게 시너지를 일으킬 수 있는지 논의해 볼 것이다.

우리 기업에 맞는 사무 환경은 리모트워크를 어떻게 해석하는가에 따라서도 달라진다. 리모트워크를 단순하게 스마트한 IT 기기를 활용한 업무 방식으로 해석해서는 글로벌 경쟁력을 가질 수 없다. 그 기기들은 누구나 사용할 수 있는 도구다.

총을 가졌다고 자동적으로 강한 군대가 만들어지는 것은 아니다. 경쟁력 있는 전투력을 가진 군대에 총보다 중요한 것은 그 조직의 기강과 문화다. 그 기강과 문화를 만드는 전략과 기술에 있다. 기업도 마찬가지다. 4차산업의 핵심 기술인 총을 가지고, 막강한 부대를 만들기 위해서는 우리 기업에 맞는 사무 환경을 통해 스마트한 기업의 일문화를 훈련하고 연습해야 한다. 그렇게 하기 위해서는 측정 가능한 데이터를 통해 시공간을 확대해 가는 전략과 기술이 필요하다. 스마트오피스와 스마트워크의 핵심에는 여전히 사람이 있다. 스마트 피플이 있다.

앞으로 기업의 흥망성쇠는 이 두 가지 질문에 대해 올바른 답을 낼 수 있냐 없냐에 달려있다.

챗GPT 시대 오피스 체인지 4.0, 어떻게 구축해야 하는가? 오피스 체인지 4.0의 코어인 리모트워크, 어떻게 해야 하는가? 두 축은 불이(不二)다.

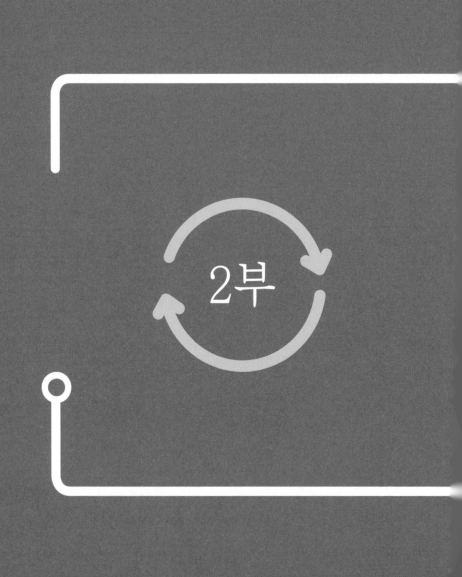

2부

오피스 체인지
4.0의 코어,
리모트워크

| 3장 |

. . .

리모트워크 시스템을
구축한 기업이
위너가 된다

스마트오피스와 리모트워크
업무 방식이 경쟁력이다

모든 방법을 동원해
성장해야 할 때

요즘 CEO들이 내게 가장 많이 물어오는 것은 단연 재택근무에 대한 것이다. 기업을 이끌어가는 총수들의 모임에 나가면, 모두 코로나19 방역 수칙 완화에 따라 시행하고 있는 재택근무를 축소할지, 또는 전면 폐지할지 물어오곤 한다. 나는 그들에게 항상 단호하게 "그건 뒷걸음질하는 것입니다"라고 대답한다.

코로나19라는 특수한 상황 아래 우리는 그간 많은 선택을 해왔다. 그리고 '종식'이라는 단어가 쏟아져 나오는 지금, 우리는 또 다른 선택 앞에 놓여있다. 바로 이전으로 돌아갈지, 새로운 미래로 나아갈지다.

거칠게 말하면, 코로나19가 종식되니 이전처럼 전면 사무실 출근을 하자는 것은 이제 성장을 포기하고 과거로 돌아가는 것이다. 팬데믹의 공포로 엉겁결에 시작한 리모트워크였지만, 우리는 분명히 그것의 경쟁력을 경험했다. 리모트워크가 지금 완벽히 일하는 문화의 중심으로 자리 잡은 것은 아니다. 아직 해결해야 할 미세한 문제들이 만연해 있는 것이 사실이다. 기업의 총수들이 익숙했던 방식으로 돌아가고자 하는 것도 충분히 이해 가능한 심정이다.

하지만 많은 것이 바뀌고 있는 지금, 모든 방법을 동원해 성장해야 생존할 수 있는 시대에 일하는 방식과 공간 또한 경쟁력이 되는 건 외면할 수 없는 사실이다. 리모트워크와 스마트오피스는 어떻게 기업의 강점이 될 수 있을까?

인재들을 머물게 하는 건
무엇인가

얼마 전 지방 출장을 위해 기차에 올랐다. 40분쯤 지났을 때였을까? 뒷자리의 젊은 남성이 정적을 깨고 통화를 시작했다. 평소라면 정중하게 복도에 나가서 통화를 해달라고 했겠지만, 통화 내용이 흥미로워 귀를 기울였다.

그는 IT업계 종사자였고, 지금 다니고 있는 직장보다 규모가 큰 곳에 다니고 있는 지인에게 스카우트 전화를 받고 있는 것 같았다. 그가 한 말 중에 오래 기억에 남은 말은 바로 "그래, 지금 내 포트폴리오면 억대도 가능하지. 근데 지금 일하는 데가 너무 좋아. 사람도 좋고, 연차도 자유롭게 쓰고, 출퇴근도 자율이잖아. 내가 담당하는 프로젝트들도 큼직하고"라는 내용이었다.

기차에서 내려서도 오랫동안 그 말에 대해 생각했다. 이전에는 안정성, 연봉과 같은 가치들이 인재들이 머물 곳을 선택하는 가장 우선적인 요소들이었다면, 지금은 기업 문화와 개인 성장이 중요한 가치로 대두되고 있다는 사실을 다시금 깨달았다.

시대는 변하고 있다. 변하는 시대 속에서는 새로운 인류라고 불러도 어색하지 않을 만큼 새로운 사람들이 주류가 된다. 요즘 어딜 가나 이야기되는 MZ세대가 바로 그런 인류일 것이다.

기업은 사람으로 이루어진다. 큰 조직 안에 한 명의 사람은 작아 보일지 모르겠지만, 사실 사람이 전부다. 더군다나 지금과 같이 산업 구조가 급변하는 시대에는 인재를 확보하고 적재적소에 비치하는 것이 너무나도 중요하다. 그리고 발 빠른 기업들은 이미 물밑 작업을 마친지 오래다.

네이버의 리모트워크 도입이
의미하는 것

리모트워크는 대세가 될 수 있을까? 이 질문은 잘못되었다. 이미 대세이기 때문이다. 특정 문화는 처음에는 비주류에서 시작된다. 그리고 그것이 퍼지면서 해당 집단의 거물이 그것을 시작될 때 그 문화는 완벽히 정착되게 된다. 기준이 된다는 것이다. IT업계에 한정해 리모트워크를 바라볼 때, 이 문화는 벌써 완벽히 정착되는 직전 단계까지 와 있다.

네이버는 2022년 5월, 기존의 주 5일 출근제에서 벗어나 '주 3일 출근'과 '완전 재택'을 혼용하는 새로운 근무 환경을 도입했다. 스타트업계에서 활발하게 진행되던 리모트워크가 업계 거물 기업에까지 닿은 것이다. 네이버는 리모트워크를 도입하며 '커넥티드 워크(Connected Work)'라는 이름을 붙였다. 커넥티드 워크는 '네이버의 일'이 동료, 사용자, 사업 파트너 등 긴밀히 연결돼 진행된다는 의미를 담고 있다. 이 이름은 리모트워크의 본질인, 물리적으로는 떨어져 있지만 업무적으로는 긴밀히 연결된다는 지점을 담고 있기도 하다.

또한 네이버는 개개인의 특성과 조직의 성격을 고려해 단일적인 리모트워크를 시도하기보다는 리모트워크의 빈도를 조절할 수 있도록 근무 방식을 설계했다. 네이버의 리모트워크는 크게, 3일 이상 사무실에 출근하는 'Type O(Office-based Work)' 방식과 원격근무를 기반으로 하는 'Type R(Remote-based Work)' 방식으로 나눌 수 있다(고용준, "포스트 코로나시대, 파격 근무 도입 IT 기업들 '주목'", 〈OSEN〉, 2022. 6. 3.).

이와 같은 네이버의 행보는 리모트워크가 IT업계에서

이미 뉴노멀로 자리 잡았다는 것을 알 수 있게 해준다. 오피스 공간 또한 이와 발맞춰 변하고 있다. 기존에는 부서별로 완벽한 공간 분리를 하고 모든 직원이 고정된 좌석을 가지는 것이 당연했다면, 지금은 리모트워크를 고려해 부서별이 아니라 업무 성격별, 상황별 공간을 나누고 좌석 또한 유동적으로 사용할 수 있도록 하는 디자인이 각광받고 있다. 또한 VR, AR 등을 통한 메타버스 오피스를 고려해 메타버스 존을 따로 마련하는 기업들도 늘어나고 있다.

앞으로 3년이 중요한 시기가 될 것이다. 모든 정황이 리모트워크가 뉴노멀로 자리 잡고 있다는 것을 알려주는데도 '눈 가리고 아웅' 하듯이 뒷걸음쳐서는 안 될 것이다. 인재 확보는 물론 생산성 또한 높일 수 있는, 어찌 보면 모호한 시대에 가장 빠르고 확실하게 기업의 경쟁력을 높일 수 있는 방법은 바로 일하는 방법의 변화(리모트워크 도입)와 일하는 공간의 변화(스마트오피스)다.

스마트 피플을 리크루팅 하려면 리모트워크가 핵심이다

구글 출신 애플 AI 전문가는
왜 퇴사를 결심했을까

　　　　　　　　　　이언 굿펠로(Ian Goodfellow)는
구글과 오픈AI를 거쳐 2019년부터 애플에서 근무한 AI 전
문가다. 그는 미국 스탠퍼드대학교에서 석사를 마친 뒤, 캐
나다 몬트리올대학교에서 AI 대가인 요슈아 벤지오(Yoshua
Bengio) 교수 아래서 박사학위를 받은, AI 분야의 유명한 개
발자였다.

　　그는 2014년, '생성적 적대 신경망(GAN)'을 발표하며 주

목받았다. AI에 진짜 정보와 가짜 정보를 제공한 뒤, 이 둘을 경쟁시키며 끊임없이 스스로 학습하는 알고리즘을 개발한 것이 그의 업적이었다. 이를 통해 AI는 스스로 딥페이크를 포착하고, 가상 이미지를 생성할 수 있게 되었다.

2019년, AI 분야의 전문가가 필요했던 애플은 폐쇄적이었던 내부 규율을 깨고 이례적으로 구글의 핵심 인재였던 이언 굿펠로를 영입해 왔다. 하지만 2022년, 그들은 이언을 다시 구글을 자회사로 둔 알파벳에 빼앗기게 되었다(오현우, "구글서 애플로 모셔온 억대 연봉자 '사무실 출근? 퇴사할게요'"〈한국경제〉, 2022. 5. 10.).

데일리안 등의 주요 외신은 이언의 이직으로 애플이 손해를 볼 것이라고 전망했다. 그가 애플에서 ML 특수 프로젝트를 담당하던 엔지니어였고 그가 팀에서 이탈하면서 안 그래도 부족했던 AI 전문 개발자가 더욱 절실해졌기 때문이다(김동원, "코로나19 후폭풍, '사무실 출근'과의 전쟁이 시작됐다", 〈Ai타임스〉, 2022. 6. 7.).

사실 이 이야기에서 애플이 알파벳에게 이언을 '빼앗겼다'는 표현은 잘못되었다. 애플은 그를 제 발로 걷어찬 것이나 다름없다. 애플이 어떻게 했길래 애써 영입한 인재를 제 손으로 밀어내게 된 것일까?

애플은 지난 4월부터 직원들에게 사무실 출근을 지시해 왔다. 처음에는 직원들에게 주 1회 사무실 출근을 지시했고, 이어 5월 2일부터는 주 2회 출근을 기본으로 삼았다. 같은 달 23일부터는 주 3회 출근 지침을 내렸다. 이언의 퇴사에는 이런 배경이 있었던 것이다.

그는 퇴사 직전 애플 직원들에게 "유연성을 더 키워주는 게 개발팀을 위한 최선"이라고 말했다고 전해진다. 이에 애플 직원들은 익명게시판을 통해 "여러 이유가 있겠지만 그가 떠난 이유 중 회사 복귀 정책이 가장 컸다"라고 입을 모아 말했다. 즉, 애플의 리모트워크 철회가 그들이 영입한 인재를 놓치게 만든 것이다.

이와 유사한 사례는 코로나19가 완화되어 재택근무를 그만두는 회사가 늘어나는 상황에서 국내와 해외를 가릴 것 없이 빈번하게 발생하고 있다. 리모트워크 속에서 최대의 효율성을 확보하고 워라밸을 유지하던 인재들이 다시 과거로 돌아가지 않고 싶어 하는 것은 당연한 일이다. 인재 영입을 위해 리모트워크는 이제 필수적으로 구축해야 할 업무 방식이 되었다.

리모트워크는 스마트 피플이 일하는 방식이다

그렇다면 10배, 100배 생산성을 가진 스마트 피플들은 어떤 인재들이기에 기업에서 탐을 내고, 바뀐 근무 제도에 당당히 사직서를 내는 걸까?

어떠한 사람도 한두 문장으로 설명하거나 표현할 수 없듯, 우리가 말하는 스마트 피플 또한 간단히 설명할 수 있는 평면적인 존재는 아니다. 그럼에도 그들을 설명하기 위해 두 단어를 꼽는다면 '몰입'과 '창의성'을 고를 수 있을 것이다. 즉 스마트 피플은 몰입과 창의성이라는 무기로, 일반 사람들과는 다른 '생산성'을 가진 이들이다.

첫 번째 요소인 몰입은 사람이 가진 지적, 신체적 능력을 극대화할 수 있는 정신 상태다. '에너지가 한곳으로 모여 자신까지 잊게 만드는' 무아지경 속에서 우리는 우리가 가진 능력들을 최대한으로 사용해 가장 최적의 결과를 만들어낼 수 있다. 스마트 피플들은 이러한 몰입의 효과를 알아차리고 일을 할 때 이를 적극적이고 능동적으로 사용할 수 있는 사람들이다.

다음 요소인 창의성은 단순히 독특하거나 기존 것에서 벗어난 모든 사고를 이르는 말이 아니다. 비즈니스 상황에서의 창의성은 '문제해결력'과 깊이 관계되어 있다. 우리가 만약 어떤 목적지에 기존 루트와 다른 길로 가려 한다면 그 이유가 있을 것이다. 시간을 단축시키고자 한다거나 기존과 다른 경험을 위해서거나 더 편하기 위해서 등 다양한 목적이 있을 것이다.

창의성은 이처럼 다양한 목적 중 핵심을 파악한 후 그에 알맞은 해결 방법을 제대로 생각해 내는 능력이다. 그래서 창의성은 생산성에 직접적인 영향을 미친다. 스마트 피플들은 관성적인 사고에서 벗어나 이러한 창의력을 발휘하는 사람들이라 할 수 있다.

몰입과 창의성은 근무 방식에 따라 극대화되기도 하고, 축소되기도 하는데, 리모트워크는 두 요소에 모두 긍정적인 영향을 주는 근무 제도다. 몰입 환경은 저마다 다르고, 또 날마다 미세하게 다르다. 자율적으로 일하는 공간과 시간을 정할 수 있는 리모트워크는 몰입 환경을 자신이 조절하기에 최적의 일하는 방식이다.

또한 매일 같은 환경에서 일한다면 관성적인 사고에서 벗어나기 어렵다. 어느 공간에 있는지가 사고와 행동에 영향을 미친다는 연구는 수없이 많다. 때문에 맡은 업무에 따라 창의력이 극대로 발휘될 수 있는 공간을 선택해 일하는 것이 중요하며 이 또한 리모트워크를 통해 가능해진다.

이러한 리모트워크의 장점을 스마트 피플들은 빠르게 알아차렸을 것이다. 그리고 자신의 생산성을 극대화할 수 있는 리모트워크를 선택하고 있다. 반대로, 리모트워크를 통해 스마트 피플들이 탄생할 수도 있을 것이다.

이어지는 장에서 더 상세히 말하겠지만, 리모트워크는 시간과 공간의 한계를 뛰어넘을 수 있는 근무 방식이기에 글로벌 인재들을 채용하기에도 용이하다. 리모트워크를 적극적으로 도입해야 하는 이유들 중 가장 무게를 둬야 할 점은 결국 '사람' 때문이다. 인재 전쟁이 더욱 심화되는 이 시대에 리모트워크를 고려조차 하지 않는 건 맨몸으로 전

장에 나가겠다는 것과 다름없다.

회사의 사활을 결정지을 스마트 피플들을 끌어당기고, 기존의 하드 워커들을 스마트 워커로 바꾸는 리모트워크는 성장하고 생존하고 싶은 기업이라면 하루빨리 도입해야 하는, 이 시대의 일하는 방식의 뉴노멀이다.

리모트워크는
스마트오피스의 코어다

　　　　　　최근 몇 년간, 국내 유수의
기업들이 앞다투어 거점오피스를 오픈하고, 제주도 등 휴
양지로 본사를 옮기고, 스마트오피스로 오피스 공간을 혁
신하는 소식이 쏟아져 나왔다. 이것은 일하는 방식과 공간
에 진화가 일어나고 있다는 증거다.

　아직 안정적으로 새로운 패러다임에 적응한 기업은 드
물기 때문에 여기저기서 잡음이 터져 나오고, 또 부작용도

생기고 있는 게 사실이다. 하지만 혁신을 위해 거칠 수밖에 없는 그런 성장통을 '다시 이전으로 돌아가야 한다'는 신호로 여기고 뒷걸음질을 하고 있는 기업이 다수다. 또한 핵심적인 실패 요인을 찾지 못해 애꿎은 공간만 계속 리모델링을 하는 기업도 많다.

물론 이러한 문제 이전에 공간 기획 자체에 실패한 사례들도 종종 보인다. 왜 많은 기업들이 수억 원의 비용을 들이고도 공간 혁신과 일하는 문화의 혁신에 실패하는 것일까?

공간이
전부가 아니다

환공환인(換空換人)은 공간을 바꾸어 사람을 바꿀 수 있다는 의미를 가진 단어로, 공간혁신 프로젝트를 진행할 때 공간의 힘을 설명하기 위해 내가 종종 사용하고 있는 단어다. 사람들을 바꾸고 싶다면 그 공간을 바꾸라는 말이 있다.

간단한 예시를 들어보자면, 사무실에서 사람들이 자주

마주쳐 이야기를 나누길 원한다면, 정수기를 이용하면 된다. 회사 구성원들은 적어도 하루에 한 번은 정수기를 이용할 것이다. 정수기를 분산하지 않고 한 군데에 두거나, 정수기까지 이동하는 동선을 이용해 사람들이 자주 부딪히게 만들 수 있다. 프린트기나 화장실의 경우도 마찬가지다. 반드시 이용할 수밖에 없는 시설을 이용하는 것이다.

이러한 예시만 듣는다면 공간이 무엇이든 해결해 줄 수 있을 것으로 생각하기 쉽다. 그래서 많은 기업의 임원진들이 공간부터 바꾸려고 하는 것이다. 이는 좋은 접근이지만 우리가 놓치면 안 될 것이 있다. 같은 공간을 만들어도 그곳을 이용하는 사람들의 성향, 나아가서는 그 구성원들의 문화에 따라 공간은 다른 결을 가지게 된다. 즉 아무리 스마트하게 일할 수 있는 공간을 만들어 두더라도, 그곳을 이용하는 사람들의 일하는 문화의 패러다임이 과거에 머물러 있다면 공간은 무용지물이 될 수도 있다는 것이다. 아래 예시를 함께 살펴보자.

스마트오피스와 일문화 혁신에 대한 관심이 높아지면서 여러 기업으로부터 컨설팅 제안을 받았다. 그중에는 스마트오피스를 도입했음에도 공간 진단을 요청한 기업도 있었는데, 두 눈으로 확인한 공간의 활용도는 처참한 수준이었다. 공간은 자신을 채우는 사람들의 영향을 받아 마치 유기체처럼 지속적으로 성장해야 한다. 하지만 그 기업의 공간은 곳곳이 시들고 있었다. 사람들 또한 공간을 불편해하는 듯 보였다. 한 직원이 캐주얼 미팅이 가능한 열린 공간에서 이어폰을 끼고 집중 업무를 하는 모습이 보였다. 사무실 한편에 쾌적하게 마련되어 있는 집중 업무 공간이 텅텅 비어 있었는데도 그곳에서 고군분투하는 모습이 의아해 그 직원이 캔틴에 온 틈을 타 조심스럽게 물었다.

"저기서 일하시기 힘들지 않나요?"

"집중하기 어렵긴 하죠."

"저기(집중 업무 공간)에 자리가 있는데 저곳도 불편하신 건가요?"

"계속 저기서 일하기 눈치가 보여서요."

또 다른 기업은 거점오피스의 개념을 도입해 직원들이 원하는 공간에서 일할 수 있도록 내부 지침을 내렸지만 거점오피스에서 일하는 직원들의 수가 적어 내게 자문을 구했다. 그 기업의 시스템을 들여다보니 어디서든 자유롭게 일

하라는 회사 지침과는 반하는 부서와 팀별 세부 지침이 수
두룩했다. 다른 근무지에서 일하기 위해서는 연차를 낼 때
처럼 양식에 맞춰 결재를 받아야 한다거나 이용 횟수를 제
한한다는 것이다.

– 김한, 《스마트오피스 레볼루션》, 라온북, 2021

이렇듯 아무리 스마트오피스 전문 회사의 컨설팅을 받
아 공간을 잘 혁신하더라도, 그에 걸맞은 문화가 갖추어지
지 않는다면 공간이 힘을 발휘하기 어렵다는 것이다. 그렇
다면 우리에게는 어떤 문화가 필요할까?

리모트워크 문화 구축이
중요한 이유

스마트오피스의 문화는 각
기업의 상황과 지향점에 따라 조금씩 달라지겠지만, 가장
기초적이고 기본적으로 갖추어야 할 것은 바로 리모트워
크, 즉 시간과 공간을 유연하게 활용해 일하는 문화다. 앞
선 예시는 공간의 유연함을 받아들이지 못해서 발생하는

문제라고 볼 수 있다. 시간의 유연함을 활용하지 못하고 '9 to 6'를 고집해 스마트워크로 나아가지 못하는 기업 또한 어렵지 않게 찾아볼 수 있다.

스마트오피스에서 리모트워크가 중요한 이유는, 스마트오피스가 주도적으로 일하고 최적의 성과를 내는 스마트피플들의 공간이기 때문이며, 구성원들의 행복을 지향하는 공간이기 때문이다. 때문에 각자의 리듬과 상태에 따라 일하는 공간과 시간을 유연하게 선택할 수 있는 리모트워크가 필수적인 것이다. 또한 리모트워크 문화에는 높은 수준의 신뢰와 소통이 전제되어 있다. 이 두 가지 요소가 멀리 떨어진 상태에서도 조직 구성원 간의 유대를 유지할 수 있게 해주고, 소통 부재와 불신에 따른 손실을 막아주는 역할을 하기 때문이다.

요약하자면, 리모트워크는 스마트오피스의 코어다. 그렇기에 스마트오피스, 나아가 메타버스 오피스로 일하는 공간을 혁신하고자 하는 기업이라면 리모트워크 문화 구축이 우선되어야 한다. 스마트오피스 공간과 시너지를 내며 끊임없이 상호작용할 수 있는 문화가 필요하다.

마이크로소프트 회장은
왜 증강현실에 올인하는가

마이크로소프트는 메타(구 페이스북)와 함께 메타버스 시장을 적극적으로 구축하고 있는 기업 중 하나다. 많은 사람들이 메타버스는 그저 유행처럼 지나갈 담론이라 여긴다. 큼직한 기업들이 앞다투어 메타버스를 입에 올리는 것을 보고 단순히 투자자에게 기대감을 심어주기 위함이라 판단한다. 이러한 판단이 100% 틀렸다는 것은 아니지만 그렇게만 현상을 파악하는 건 위험하다. 거대 기업들은 메타버스에 '진심'이기 때문이다. 그것을 어떻게 확신할 수 있느냐 묻는다면 마이크로소프트의 인수 행보에 대해 아느냐 되묻고 싶다.

　마이크로소프트는 액티비전 블리자드라는 게임 회사를 687억 달러, 즉 약 82조 원에 달하는 금액을 현금으로 지급해 인수했다. 마이크로소프트가 단순히 게임 사업의 최고가 되길 원해 그런 선택을 한 것은 물론 아닐 것이다. 사티아 나델라는 게임 사업에 대해 아래와 같은 의견을 밝힌 적이 있다.

　사티아 나델라 MS 최고경영자(CEO)는 "게임은 오늘날 모든 플랫폼에 걸쳐 가장 역동적이고 신나는 엔터테인먼트 분야로 메타버스 플랫폼 개발에서 핵심 역할을 할 것"이라며 기대감을 나타냈다.
　– 강건택, "'메타버스 공략' MS, 82조 원에 블리자드 인수…IT사상 최고가", 〈연합뉴스〉, 2022. 1. 19.

　마이크로소프트의 파격적인 인수 행보와 사티아 나델라의 메시지를 통합적으로 생각해 본다면, 마이크로소프트의 메타버스 시장 진출이 실체 없는 신기루가 아니라 구체적인 계획이 있는 성장 전략이라 판단할 수 있다. 그렇다면 마이크로소프트가 꿈꾸는 메타버스는 어떤 것일까?

마이크로소프트의
메타버스 전략

마이크로소프트는 B2B 사업을 시작으로 메타버스 시장을 선점하려는 것으로 보인다. 마이크로소프트는 메타버스 B2B 시장에서 우위를 점할 수 있는 탄탄한 기반이 이미 마련되어 있기 때문에 이러한 결정을 자연스럽다 말할 수 있을 것이다.

먼저, 마이크로소프트는 이미 전 세계적으로 널리 쓰여 수많은 이용자를 가진 오피스 365(엑셀, 파워포인트, 워드, 아웃룩 등) 소프트웨어의 주인이다. 이것은 마이크로소프트가 이미 B2B 시장의 고객의 대부분을 확보하고 있다는 뜻이다. 또한 메타버스에서는 현실감 있는 그래픽 구현과 실시간 소통을 위해서 높은 수준의 클라우드 시스템이 필요한데, 마이크로소프트는 아마존과 함께 세계 최고 수준의 클라우드 시스템과 보안 시스템을 갖추고 있다.

이러한 무기를 바탕으로 마이크로소프트는 기존 소프트웨어 시스템에 메타버스 기술을 융합시켜 기업을 대상으로 한 메타버스 업무 툴과 기술들을 선보이고 있다. 대표적인 예시로는 기존 앱인 팀즈(화상회의 프로그램)에 메타버스 기술을 더해 출시한 매쉬(Mesh)가 있다. 마이크로소프트는 또한 B2B 시장에 그치지 않고 많은 개인 사용자를 보유한 블리자드 등의 기업을 인수하며 B2C 시장으로의 진출 또한 철저히 계획하고 있는 것으로 보인다.

더불어, 마이크로소프트는 메타버스 상용화의 가장 중요한 키(Key)라고 할 수 있는 디바이스의 개발에도 속도를 올리고 있다. 마이크로소프트가 개발하고 있는 디바이스 '홀로렌즈(HoloLens)'는 기존 VR 기기보다 간편하게 착용 가능하며 높은 수준의 MR 기술을 구현하고 있다. 앞으로도 이 기술은 점차 더 섬세하게 발전해 업무적 용도와 교육적 용도, 나아가 놀이 콘텐츠로도 활용될 것으로 전망된다.

마이크로소프트의 행보에서 우리가 읽어야 하는 것은 무엇일까? 바로 '기준'이 교체되고 있다는 사실이다. 마이크로소프트를 비롯한 많은 거대 기업이 메타버스를 바탕으로 한 비전을 제시하는 이유는 가까운 미래, 그곳에서 폭발적인 성장이 일어날 것을 알고 있기 때문이다.

메타버스라는 키워드를 중심으로 많은 것들이 변하겠지만, 그중 비즈니스 현장에서의 변화가 가장 빠를 것으로 예상된다. 코로나19의 영향으로 많은 기업이 이미 비대면 업무의 가능성과 장점을 맛보았기 때문이다. 기존 화상회의 수준의 비대면 업무는 메타버스 기술과 결합되어 대면 업무를 구현하는 것에 그치지 않고 더 높은 효율과 편리성을 제공할 것이다.

하지만 기술적으로 구현된다 하더라도 모든 기업이 그것을 활용할 수 있는 것은 아니다. 혁신을 받아들이기 위해서는 기존 패러다임에 익숙해져 있던 체질을 개선할 필요가 있다. 때문에 앞으로 3년, 리모트워크를 기반으로 한 스마트워크 시스템을 발 빠르게 구축한 기업만이 새로운 패러다임에 시행착오 없이 안착해 폭발적인 성장 시대의 승리자가 될 수 있을 것이다.

| 4장 |

• • •

상위 1% 사장들만
이해하고 실행하는
'리모트워크'

비대면이 디폴트다

스마트워크,
기본은 비대면이다

앞선 장에서 우리는 일하는 방식의 뉴노멀로 떠오른 '리모트워크'에 대해 이야기해 보았다. 그리고 결국 리모트워크를 시작으로 스마트워크가 이 시대의 새로운 기준이 될 것이라는 것 또한 함께 짚어보았다. 하지만 리모트워크든, 스마트워크든 갑자기 일하는 방식을 바꾸어야 한다는 것도 부담스럽고, 용어 또한 생소하게 느껴질 수도 있다.

그렇다면 이 단어를 떠올려보길 바란다. 그 단어는 바로 '비대면'이다. 코로나19의 유행과 함께 전파는 비교할 수도 없을 정도로 사용도가 늘어나고, 이제는 일상어가 된 단어다.

비대면은 단어의 뜻 그대로 '실제로 얼굴을 마주하지 않음'을 뜻한다. 코로나19의 위협 속에서 우리는 기존의 대면 공식을 깨고 비대면에 적응해야 했다. 그리고 이 규칙은 비즈니스의 현장에서도 그대로 적용되었다.

어떻게 보면 코로나19라는 사건 아래 강제로 시작된 비대면이지만, 사실 코로나19 이전에도 비대면 업무 방식은 진행되고 있었다. 그 놀라운 강점을 알아차린 사람들은 비대면을 100% 활용해 새로운 시대에 적응하며, 시대를 선도할 준비를 하고 있었다. 그렇다면 리모트워크, 나아가 스마트워크의 기본인 비대면이 왜 중요한지, 또 어떻게 그것을 시작할 수 있을지 이번 장에서 함께 이야기해 보자.

왜 비대면이
중요한가

여기 두 기업이 있다고 가정해 보자. A기업은 비대면을 적극적으로 활용하고, 그것을 일하는 방식의 기본으로 두려고 한다. B기업은 코로나19가 완화되자마자 비대면 업무를 철회했다. 아래는 두 기업의 예상되는 양상을 표로 정리한 것이다.

| 비대면 업무에 따른 예상되는 양상 비교 |

분류		A기업	B기업
고용	해외 거주자 채용	가능	제한적
	채용 경쟁력(MZ)	우위 선점	경쟁력 확보 어려움
생산성	시간, 공간적 유연성	유연성 높음	유연성 확보 어려움
	창의성, 몰입 환경	구성원 맞춤으로 확보 가능	일률적인 적용만 가능

먼저 고용 측면에서부터 비대면을 수용한 A기업과 그렇지 않은 B기업은 차이가 난다. 비대면 업무가 가능한 A기업은 해외 거주자까지 인력풀을 넓힐 수 있다. 반면 비대면 업무를 기피하는 B기업의 경우 해외 거주자 채용이 전면 불가능하거나 아주 제한적으로 가능할 것이다. 이는 비단

채용에 그치지 않는다. 해외로의 파견이나 해외 진출에까지 영향을 미칠 수 있다.

또한 인재 확보의 경쟁력 측면에서도 A기업은 우위를 선점한다. 자율성과 효율성을 중시하는 MZ세대, 인재들과 함께 일하기 위해서라도 비대면 업무의 수용은 피할 수 없기 때문이다. 낡고 당위성 없는 규율(예외 없이 사무실 출근, 서류 결재 시스템 등)에 효율성이 훼손되고 있는 기업에 인재들은 머물 필요를 느끼지 못할 것이다.

다음은 생산성 측면이다. 생산성은 투입된 시간과 노동 대비 결과의 질과 양으로 판단하는 개념이다. 기계는 생산성을 측정하거나 결정하는 요소들을 파악하기 쉽다. 어떤 기계를 얼마에 사들여 얼마 동안 사용했을 때 어느 정도의 결과가 나오는지를 기준으로 특정 기계의 생산성을 판단하면 된다.

하지만 사람의 경우는 다르다. 사람은 고유한 정신 상태와 능력을 가지고 있다. 각자의 고유한 정신 상태와 능력에 알맞게 일하는 것이 바로 사람의 생산성을 극대화하는 방법이다. 이 관점에서, 비대면 업무가 가능한 A기업의 경우는 시간적, 공간적 유연성을 가지게 되기 때문에 각 구성원의 업무나 컨디션 등 주관적인 환경에 따라 유연하게 업무를 진행할 수 있다.

또한 사람이 모두 다른 만큼 창의성과 몰입이 발동되는 조건 또한 다른데, 모두 같은 공간에서 일해야 하는 대면 업무와 달리 비대면에서는 이러한 환경을 적절하게 조절할 수 있다. 때문에 조직 구성원의 생산성이 차원이 다르게 높아지는 것이다. B기업의 경우 대면 업무의 특성상 모두 같은 공간에서 동일한 시간에 일해야 하기 때문에 앞서 말한 생산성 측면에서 약세를 보일 수밖에 없다.

어떻게 비대면을
도입할 수 있을까

앞서 살펴보았듯이 리모트워크와 스마트워크를 원활히 도입하기 위해서는 그의 기본이 되는 비대면 업무 방식을 기업에 적용시켜야 한다. 이때 물리적 측면, 심리적 측면, 시스템적 측면을 고루 고려해 도입을 해야 비대면 업무의 역효과가 발생하는 것을 막을 수 있다.

물리적 측면

종종 비대면 업무를 적용한다고 하면서 조직 구성원들에게 대뜸 사무실이 아닌 곳에서 일하라고 지시하는 경영자들이 있다. 이는 매우 위험한 선택이다. 비대면으로 일한다는 것은 공간 없이 일하는 것이 아니라, 서로 다른 공간에서 일하는 것이다. 때문에 각자의 공간에서 일을 원활히 할 수 있도록 공간이나 장비에 드는 비용에 대한 적절한 지원이 필요하다.

심리적 측면

유대와 소통의 질을 관리하는 것이 중요하다. 미우나 고우나 얼굴을 자주 보면 정이 들고, 서로의 감정을 잘 파악할 수밖에 없다. 하지만 비대면 업무의 경우 이러한 얼굴 사이에 스크린이 자리 잡게 된다. 큰 차이가 아니라고 생각할 수 있지만 소통의 질이 떨어질 수밖에 없다. 때문에 같은 공간에서 일할 때는 자연스럽게 쌓이던 유대와 소통을 비대면 업무에서도 이어나갈 수 있도록 여러 장치를 마련하는 것이 필수적이다.

시스템 측면

같은 시간, 같은 공간에서 일한다는 것은 조직의 텐션, 즉 긴장감을 유지시켜 준다. 서로 이것저것을 지시하지 않아도 서로가 서로의 거울이 되어 건강한 긴장감이 유발되는 것이다. 하지만 비대면 업무에서는 이런 작용이 어렵다. 때문에 업무 긴장감 유지를 위한 시스템을 기업의 성격에 맞게 섬세히 설계할 필요가 있다.

시간과 공간으로부터의 자유

직원들이 시키는 일만
하는 이유

기업의 많은 CEO들이 조직 구성원들을 관리하는 방법으로 '통제'를 선택한다. 고정된 출퇴근 시간이나 지정된 장소에서 일하는 것은 특히 너무 오래되어 관습처럼 굳어진 통제의 방식이다. 다양한 사람들이 모여 일하는 상황에서 통제가 필요한 것은 사실이다. 하지만 그 통제는 최소한으로 이루어져야 하며, 가능하다면 없애는 것을 목표로 해야 한다.

반면 이 점을 간과하고, 오로지 통제의 방식으로만 조직을 경영한다면, 너무나 많은 것을 놓치게 될 것이다. 통제 아래 일하는 직원들은 스스로 동기부여를 하기 어렵다. 창조적인 아이디어는 생각하지 않고, 마음이 끌리지도 않는 상태에서 '시키는 일'만 하게 된다. 나아가 휴게시간 관리, 휴가 사용 제한, 유연하지 않은 업무 시스템 등 더욱 강한 강도로 구성원들을 통제할 시, 조직 구성원들은 회사에 대한 반감을 가지고 주어진 일조차 허투루 할 위험도 있다.

의도가 어떠했든, 지나친 통제는 당사자로 하여금 존중받지 못한다는 생각을 가지게 하며, 상대가 자신을 불신하고 있다고 느낀다. 즉, '통제'를 기반으로 하는 경영은 조직 구성원들을 정해진 시간에 정해진 자리에 앉아 있게 할 수는 있지만, 그들을 진정으로 일하게 할 수는 없다. 오히려 그것을 방해한다.

이번 장에서는 정해진 시간과 자리 없이도, 조직 구성원들이 스스로 동기부여가 되어 자신의 일을 가장 최적의 방식과 효율로 수행할 수 있는 방법에 대해 이야기해 보려고 한다.

시간과 공간의 한계로부터
벗어나기

나그네가 등장하는 유명한 동화를 아는가? 동화 속에서 해와 바람은 누가 나그네의 외투를 먼저 벗기는지 내기를 한다. 바람은 자신만만하게 나서서 나그네의 옷을 거친 바람으로 날려버리려 한다. 나그네는 바람이 거세질수록 외투를 꼭 부여잡고, 결국 바람은 실패하고 만다. 다음으로 해는 나그네에게 따뜻한 볕을 내린다. 그 볕에 열이 오른 나그네는 스스로 외투를 벗는다.

이 이야기는 통제와 강제에 대한 우화다. 이 이야기가 우리에게 주는 교훈은 자유의지를 가진 사람이라면 통제할수록 그 의도와는 엇나가는 선택을 하게 된다는 것이다. 기업의 현장에서도 이 규칙은 다르지 않게 작용한다. 많은 CEO들이 리모트워크를 고려할 때 리모트워크가 가진 '자율성'에 불안을 느낀다. 통제하는 방식의 경영이 너무 익숙해진 탓이다. 하지만 앞서 이야기했듯 통제는 그렇게 효과적이지 않다. 물론 무조건적인 자율은 통제보다 더 나쁜 결과를 초래할 수 있다. 때문에 자율적인 일문화를 도입할 때는 최소한의 가이드라인을 마련하는 것과 조직 구성원 스스로 동기부여를 할 수 있게 돕는 것이 가장 중요하다. 그럴 때 자율의 가치가 제대로 발휘될 수 있다.

'자유'는 '외부적인 구속이나 무엇에 얽매이지 아니하고 자기 마음대로 할 수 있는 상태'를 말한다. 리모트워크의 기본은 기존의 고정된 출퇴근 시간과 근무 장소에서 벗어나 일하는 것이다. 즉, 외부적인 구속이었던 시간과 공간의 한계를 없애고, 시간과 공간으로부터의 자유를 조직 구성원들에게 돌려주는 것이다.

시간과 공간의 자유가 중요한 이유는 크게 두 가지다. 바로 인재 확보의 측면과 효율성 극대화의 측면이다. 이에 대해 자세히 알아보자.

인재 확보의 측면

앞으로의 시대를 선도하기 위해서는 조직에 스마트 피플인 상위 1% 인재를 영입하는 것이 무엇보다 중요하다. 스마트 피플들의 가장 큰 특징은 바로 자율성의 가치를 중요하게 여긴다는 것이다. 그들은 자율성이 보장된 상태에서 자신이 가장 큰 퍼포먼스를 낼 수 있는 효율적인 방식을 탐색하며 일한다. 때문에 그들과 함께 일하기 위해서는 시

간과 공간의 한계로부터 벗어나 일할 수 있는 리모트워크
일문화 구축이 필수적이다.

효율성 극대화의 측면

앞서 말했듯, 자율성이 확보된 상태에서 스스로 동기부
여된 사람은 어떤 환경에서보다 더 큰 효율성을 가지게 된
다. 인간은 기계가 아니기 때문에 신체 컨디션과 마음 상태
에 따라 일의 강도를 적절히 조절할 필요가 있다. 때문에
몸과 마음의 상태와 무관하게 그냥 정해진 시간 동안 일하
는 것은 무척 비효율적인 방식이다.

이와 반대로, 리모트워크 문화에서는 조직 구성원이 일
하는 시간과 장소를 정할 수 있기에 최선의 효율을 낼 수
있다. 또한 강제적으로 일하기보다는 존중받는다는 믿음
아래서, 소속 집단의 이익을 극대화하기 위해 자신이 해야
할 일을 스스로 고려하고 이를 실행할 가능성이 커진다. 존
중은 또 다른 존중을 만들기 때문이다.

인간은 기계가
아니다

정확하고 여지없는 통제가 어울리는 곳은 공장이다. 기계들은 자유의지나 마음이 없기 때문이다. 하지만 우리가 함께 일하는 존재는 마음과 의지가 있는 인간이다. 인간은 무한한 잠재력을 가진 존재다. 그 잠재력을 일깨우기 위해서는 통제가 아닌 자율이 주어져야 할 것이다.

성과를 내는
스마트 피플만이 가능하다

회사는 판옵티콘이
아니다

　　　　　　　　　　　　10년이 훌쩍 넘는 시간 동안
기업을 경영해 오며, 여러 CEO들을 만나왔다. 정부의 지
침도, 경기 상황도 언제나 빠질 수 없는 화두지만, 가장 많
은 이야기를 나누었던 주제는 바로 기업 구성원들에 대한
이야기다. '어떻게 직원들이 회사의 지향점을 이해하고 그
에 맞춰 일하게 할 것인가?'에 대해 깊은 고민을 가진 최고
경영자들이 많다.

이 화두에서, 기업 경영자들은 크게 두 가지 방법을 선택한다. 첫 번째 방법은 직원들을 '통제'하는 것이다. 이 방법은 가장 간단하면서도, 오랜 기간 정석적인 직원 관리 방법으로 여겨져 왔다. 사무실 출근과 9 to 6를 기반으로 근태관리를 하는 것이다.

이에 더해 업무 보고 결재 라인을 구축하거나, 휴게시간을 관리하거나, 연차 사용에 제한을 두는 등의 방법을 사용하는 CEO도 있다. 방식은 조금씩 다를지 몰라도, 결국 '직원들을 통제하겠다'는 생각 아래 같은 결을 가진 경영방식이다. 직원들의 행동이나 태도 하나하나를 의심스러운 태도로 바라보며, 회사를 거대한 판옵티콘(영국의 철학자 제러미 벤담이 죄수를 효과적으로 감시할 목적으로 고안한 원형 감옥)으로 만들고자 하는 경영자들도 어렵지 않게 찾아볼 수 있다.

효과는 어떨까? 기업에 따라, 또 시스템의 정교함 정도에 따라 그 결과는 다르겠지만, 이런 경영 마인드를 가진 임원들이 즐비한 기업에 오래 머물고 싶어 하는 인재는 없을 것이다. 또한 애초에 그런 방식으로 직원들을 통제하는 것은 불가능에 가깝다. 직원들을 하루 종일 밀착 감시하지 않는 이상, 어떤 시스템 속에서도 '일하는 척' 하고자 마음만 먹는다면 그럴 수 있기 때문이다. 또한 이런 문화 아래서는 눈에 보이는 근태, 가령 사무실에 출근하고, 자리를 지키는 것 등이 중시될 수밖에 없다. 때문에 정작 조직의 지향점을 이루는 데 더 중요한 성과 관리 또는 개인 역량 개발에 오히려 소홀해질 수 있다.

이는 어떤 방면으로 보아도 기업과 조직 구성원들 모두에게 좋지 않은 방향이다. 그렇다면 이런 방식을 채택하지 않은 다른 경영자들은 어떻게 조직 구성원들을 관리하는 것일까?

통제하지 않아도 되는 직원들로 조직을 구성하라

조금 허무하게 들릴지도 모르겠지만, 위의 방식을 택하지 않은 CEO들이 선택하는 방법은 바로 '통제하지 않아도 되는' 직원들로 조직을 꾸리는 것이다. 하지만 여기서 우리가 주목해야 할 점은 '통제하지 않아도' 되는 직원은 그렇게 태어나는 게 아니라, 기업의 문화 속에서 만들어진다는 것이다.

개인 인성 부분을 무시할 수는 없겠지만, 성실한 성품을 지닌 직원도 사내 정치가 판을 치고 성과가 아닌 '줄서기'로 평판이 결정되는 문화 속에서라면, 성실함을 다른 방향으로 사용할 수밖에 없을 것이다. 즉 같은 역량과 성품을 가진 사람이라도 어떤 회사를 다니는지, 즉 어떤 일문화와 조직문화 아래 있는지에 따라 개인의 태도와 성과가 달라질 것이다.

이런 부분들 때문에 어떤 사람을 채용하느냐도 중요한 요소지만, 그것에 앞서 기업의 문화를 잘 점검하고, 부족하다면 혁신할 필요가 있다. 그렇다면 우리는 어떤 문화를 구축해야 할까?

월급루팡을 찾아내는
리모트워크

먼저는 통제 아래가 아닌, 구성원들 각자의 동기로 공동의 목표를 지향하는 조직을 만들어야 한다. 이를 위한 문화와 시스템은 기업의 상황과 성격에 따라 여러 갈래로 나눠지는데, 그럼에도 많은 기업에 공통적으로 적용할 수 있는 일문화가 바로 리모트워크다. 리모트워크와 통제 사이에 어떤 연관성이 있는 걸까?

단순하게 생각해 본다면, 리모트워크 도입 시 일을 제대로 하지 않는 직원들의 통제가 더 어려워지므로, 문제가 더 커질 것이라 판단될 수도 있다. 하지만 앞서 밝혔듯 우리에게 필요한 것은 직원들을 통제하는 '판옵티콘'이 아닌, 조직 구성원 스스로 동기부여를 하며 일할 수 있게 만드는 문화다. 먼저 리모트워크는 성과로 소통할 수밖에 없는 방식이기 때문에 일하는 척만 하는 구성원들을 가려내거나, 그들의 행동에 동기를 심어주어 변화시킬 수 있다.

소위 직원 A를 '월급루팡'이라고 하자. A가 사무실에 출근해서 정해진 시간에 정해진 자리에 앉아 있는 것만으로도 주변 동료들도, 또 스스로도 일을 하고 있다고 생각할 것이다. 하지만 리모트워크 방식에서는 언제 어디서 일을 하고 있는지 직관적으로 알 수 없기 때문에 결과를 통해 소통할 수밖에 없다. 그래서 A가 일을 하지 않는 것이 드러나거나, 또는 이를 인지한 A의 행동이 바뀔 가능성도 있는 것이다. 또한 대면하는 빈도가 줄어들기 때문에 부차적인 사내 정치나 괴롭힘, 편 가르기 등도 자연스럽게 줄어든다.

그래서 누군가의 성과가 부풀려 지거나, 축소되는 일도 방지할 수 있을 것이다.

성과를 내는 스마트 피플만이 가능하다

리모트워크에는 이보다 더 중요한 특성이 있다. 바로 자율성이다. 리모트워크는 일하는 사람으로 하여금 생각을 하게 한다. '오늘 내 컨디션은 어떻지?', '오늘 내가 해야 할 일은 뭐지?', '언제, 어디서 일을 하는 게 가장 효율적일까?' 등의 생각은 매일 같은 곳으로 출근해야 할 때는 하지 않아도 될 생각이었을 것이다. 이런 생각을 바탕으로 리모트워크를 하는 직원들은 보다 능동적으로 일할 수 있을 것이며, 자신에게 가장 효율적인 방법을 찾을 수 있다.

또한 성과로 소통해야 하기 때문에 단순히 기계적으로 일을 처리하는 게 아닌, 자신이 하는 일과 회사의 지향점을 연결지어 생각하는 능력 또한 키워질 것이다. 리모트워크에 아주 잘 맞는, 그렇게 태어난 것 같은 직원들도 물론 존재할 것이다. 하지만 문화를 잘 구축한다면, 그런 방식이 낯설었던 조직 구성원들도 결국에는 그 자율적이고 주도적인 문화에 적응하며 성과를 내는 스마트 피플로 거듭날 수 있을 것이다.

즉, 리모트워크는 자율적이고 능동적으로 일하는 스마트 피플을 끌어당기는 동시에, 기존의 방식으로 일하던 구성원들을 뉴노멀 시대에 맞는 인재로 거듭날 수 있게 도울 것이다.

기하급수 성장을 이끄는
리모트워크와 메타버스의 연결

성공으로 가는
가장 간단하고 빠른 길

　　　　　　　　좋은 아이디어와 실행력만
있다면 성공의 길을 걷는 게 그리 어렵지 않은 시대가 있었
다. 모든 것이 성장 가능성으로 가득하던 시대였다. 하지
만 지금은 어떨까? 지금 이 시대는 모든 것이 과잉 공급되
고 있는 시대다. 인류의 진화와 기술의 발전으로 인간의 기
대 수명은 나날이 늘고 있다. 만들어졌으나 팔리지 못한 물
건, 음식들이 매일 셀 수 없을 만큼 폐기된다. 하지만 그렇

게 발전을 거듭하면 할수록 지구의 자원은 가파르게 고갈되어 왔다. 미국, 중국, 러시아 등의 국가가 우주개발에 열을 올리는 이유도 여기에 있다. 하지만 우주는 가깝고도 먼 곳이며, 무엇보다 미지수가 가득한 곳이다. 뚜껑을 열었을 때 무엇이 들어있을지 아직은 모르는 것이다. 그러므로 마냥 새로운 미래가 열리길 기다리고 있을 수만은 없다.

그렇다면 우리는 어떻게 해야 할까? 앞서 '좋은 아이디어와 실행력만 있다면' 성공할 수 있는 시대가 '있었다'고 말했다. 그 말은 '지금 그것만으로는 부족하다'는 것이다. 지금의 시대에서는 생존하고 성장하기 위해서는 기존의 길이 아닌, 새로운 길로 나아갈 필요가 있다. 그 길은 낯설고 거칠어 보이지만 사실 성공으로 가는 가장 간단하고 빠른 길이다.

혁신적 파괴를 일으키는
기하급수 성장이란 무엇인가

'기하급수 성장'이라는 말을 들어본 적이 있는가? 말뜻을 그대로 풀어보자면, 기하급수

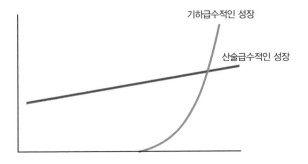

| 기하급수적 성장과 산술급수적 성장의 관계 |

기하급수적인 성장

산술급수적인 성장

성장은 산술급수 성장과 대비되는 말로, 시간에 따른 성장 폭이 일정하고 고른 산술급수 성장과 다르게 폭발적인 상승 곡선을 그리며 성장하는 방식을 뜻한다.

이 시대에 왜 기하급수라는 개념이 중요할까? 지금 시대에서 산술 성장으로 미래를 그릴 수 없기 때문이다. 즉, 기하급수 성장만이 기업의 생존을 보장한다는 것이다. 가장 대표적인 사례로는 스마트폰의 성장을 꼽을 수 있을 것이다.

당신은 스마트폰이 없는 일주일을 상상할 수 있는가? 세계 인구의 약 70%가 스마트폰 또는 휴대폰을 사용하는 지금, 모든 것은 휴대폰이 있다는 전제 아래 설계되어 있다. 이런 세상에서 휴대폰이 없다면, 회사를 다니는 것은 물론, 지인들과 관계를 유지하기도 어려워진다. 원하는 사이트에 가입할 때 인증을 하는 것도 불편해진다. 이처럼 우리는 삶의 많은 것을 우리의 손바닥만 한 작은 기계를 통해 이루어낸다. 놀고, 먹고, 쉬고, 가지고, 연결되기 위해서는 휴대폰이 필수적인 것이다.

불과 몇십 년까지만 해도 우리는 스마트폰 없이도 잘 살았다. 하지만 스마트폰의 기하급수적인 성장으로 우리의 삶도 완전히 달라졌다. 또한 산술 성장 곡선을 그리며 안정적으로 성장하던 많은 사업들이 스마트폰의 파괴적 성장 곡선에 휘말려 사라지는 일도 비일비재했다. 대체되어 버린 것이다. 카메라 시장의 강자였던 코닥은 "버튼만 누르세요"라는 광고로 카메라 시장을 100년 동안 점유했다. 하지만 기하급수 시대의 초기에 산술급수적 성장 논리로 시장에 접근하는 잘못된 결정을 하고 만다.

코닥은 1935년 처음 만들어지고 2012년 생산을 중지할 때까지 세계 최고의 기업이었다. 특히 1970~1980년대 당시 코닥은 막대한 수익을 바탕으로 다양한 신기술 개발을 추진했다. 그리고 오늘날 우리가 사용하고 있는 디지털카메라 기술을 가장 먼저 개발했다. 그러나 역설적이게도 코닥은 자신이 가장 먼저 개발한 디지털카메라 기술을 적극 활용하는 것을 주저했고, 계속해서 필름 시장을 고집했다. 그 결과 필름 시장이 잠식당하며 몰락이 시작됐고, 급기야 2012년 1월 파산보호를 신청했다.

– 박정호, "코로나19 이후, '코닥 몰락'의 교훈", 〈경향신문〉, 2020. 6. 17.

코닥은 새로운 시장을 읽고, 디지털 카메라를 개발하는 것에 성공했음에도 불구하고 기존에 그리고 있던 산술 성장을 포기하는 일에 주저했기 때문에, 기하급수 곡선을 그리며 무섭게 성장하는 기업들에 밀리고 말았다. 그 결과 시장을 장악할 기회를 놓치는 것은 물론 수세에 몰리는 처지가 되고 말았다. 코닥은 기하급수의 힘을 과소평가했다. 이와 비슷하게, 휴대폰의 강자 노키아를 비롯한 수많은 기업들이 코닥처럼 수면 아래로 가라앉았다.

생산성의 혁명,
리모트워크와 메타버스 오피스

기하급수 성장을 위해서는 결국 폭발적 성장이 가능한 시장을 밝은 눈으로 찾은 후, 생산성의 혁명을 일으켜야 할 필요가 있다. 코닥의 사례를 들었지만, 갑자기 해오던 사업의 길을 틀어버리거나 새로운 도전을 하기에는 리스크가 큰 것이 사실이다.

그렇다면 첫 번째 발걸음으로 우리가 선택할 수 있는 것은 '일하는 방법'의 변화를 통해 혁신의 첫 발을 떼는 것이다. 리모트워크와 메타버스 오피스의 구축이 바로 그것이다. 산술 성장이든, 기하급수 성장이든 결국 그것을 이뤄내는 것은 '사람'이다. 기존의 산술 성장에 익숙한 사람들이 같은 방식으로 일해서는 기하급수 성장으로 패러다임을 전환하기 어렵다. 때문에 새로운 인재들의 유입과 일하는 방식의 혁신이 불가피한 것이다.

리모트워크는 생산성 혁명을 일으킬 수 있다. 국내 유수의 기업이 경쟁하듯 거점오피스를 짓고 리모트워크를 권고하는 것은 단순히 복지적인 차원의 활동이 아니다. 리모트워크는 상호 신뢰와 개인의 자율성 존중의 균형 속에서 조직 구성원들의 생산성을 최대치로 끌어낼 수 있으며, 시간과 공간의 한계로 채용할 수 없었던 인재들을 채용해 생산성에 변화를 줄 수 있다.

하지만 비대면을 기준으로 업무를 진행할 때는 관계적인 부분에서 리스크가 생길 수밖에 없다. 메타버스 오피스는 이러한 기존 리모트워크의 한계를 보완하면서, 더욱 창의적이고 효율적인 업무 환경, 휴식 환경을 제공할 수 있는 오피스의 새로운 형태다. 때문에 기하급수 성장 곡선에 올라타고 싶다면, 리모트워크와 메타버스 오피스 도입은 선택 사항이 아니라, 피할 수 없는 흐름일 것이다.

| 5장 |

• • •

스마트워크의 코어,
리모트워크
구축의 핵심

성과 측정이 가능한
업무 시스템을 구축하라

리모트워크 도입,
문제가 발생하다

2021년, 브랜드마케팅팀에 리모트워크를 처음 도입해 보기로 했다. 리모트워크의 필요성을 명확히 알고 있었기에 시도했지만, 아무래도 자리를 잡기까지는 여러 시행착오를 겪을 수밖에 없었다. 그중에서도 가장 까다롭고 그 영향이 가장 컸던 것이 바로 '성과 측정 시스템'에 관한 것이었다.

당시 브랜드마케팅팀은 마케팅, 브랜딩, 시각디자인,

작가 등 각 분야의 전문가들로 이루어져 있었다. 별다른 직급을 정하지 않고 프로젝트 단위로 TF를 꾸려 운영하는 형식이었다.

TF의 담당자는 정해져 있었다. 그런데 '담당'이라는 직책이 형식적으로 느껴질 정도로 업무의 구분이 없었다. 대부분의 업무들이 빠르게 대응해야 하는 것이었다. 그래서 업무 분장을 정리해 두면 오히려 일의 혼선을 준다고 생각했기 때문에 팀원 간의 업무의 경계 또한 흐릿하게 두었다. 그 대신 서로가 맡고 있는 일에 대해서는 각자 파악하고 있었기에 일의 진행에는 무리가 없었고, 효율과 최선을 놓치지 않을 수 있었다.

그러나 한 가지 문제가 있었다. 리모트워크를 시작하고 나서는 '내 눈앞에서 일하는' 동료를 볼 수 없었기에 모두 업무 분장에서 소극적인 태도를 보였다. 또한 의사소통에 오류가 있어서 같은 일을 중복해서 하거나, 업무 공백이 생기는 경우가 있었다.

상대에게 악의를 가지고 있던 팀원은 없었지만, 시간이 지날수록 끈끈하던 유대에도 조금씩 틈이 생기기 시작했다. 또한 무언가 보여주어야 한다는 압박 아래에서 불필요한 보고서 작성 작업이 늘고, 성과 만능주의 분위기까지 팀 내에 감돌았다.

결국 리모트워크를 더 이상 하지 않는 상황에 대해 고려할 정도로 좋지 않은 결과까지 이어졌다. 오히려 사무실 복귀를 요청하는 팀원들도 있었다. 하지만 리모트워크가 가지고 있는 뚜렷한 장점과 앞으로 기업이 나아갈 길을 생각하면, 단순히 '사무실로 들어와서 일하라'고 말할 수 없는 상황이었다.

왜 성과 측정 시스템 구축이 중요한가

이러한 문제가 생기게 된 원인과 본질이 무엇인지 들여다보았다. 내가 찾은 문제의 본질은 바로 '성과 측정 시스템의 부재'였다.

처음에는 성과 측정 시스템을 도입하면 자율이 훼손되고 리모트워크를 하는 직원들에게 압박감을 줄 것이라고 생각했다. 하지만 가이드라인이 없었기에 직원들은 서로를 감시하기 시작했다. 더 편안하고 자율적으로 일하기 위해서 오히려 성과 측정 시스템이 필요했던 것이다. 또한 그 과정에서 무엇이 성과인지, 업무의 분배와 정의는 어떻게 할 것인지에 대한 합의를 도출할 필요가 있었다.

당시 위와 같은 나의 생각을 브랜드마케팅팀 팀원들과 함께 공유했다. 그리고 한 달 동안 매주 한 번씩 '성과 측정 시스템 구축' 워크숍을 가졌다. 워크숍을 통해서 성과 측정 시스템 도입의 의의, 직무의 정의, 성과 측정의 방법, 관리 체계 등을 합의 아래 함께 구축해 나갔다. 그렇게 도출된 성과 측정 시스템으로 브랜드마케팅팀은 리모트워크 이전의 현장감 있는 업무 시스템의 장점을 그대로 흡수한 상태로, 자율성과 효율을 더한 리모트워크 문화를 지금까지도 이어나가고 있다.

성과 측정 시스템을
어떻게 구축할 것인가

앞서 말했듯, 성과 측정 시스템 없이 리모트워트를 도입하는 건 리모트워크의 강점을 무색하게 만들 만큼 위험한 결정이다. 그렇다면 성과 측정 시스템을 구축하기 위해서 기본적으로 체크해야 할 부분에는 무엇이 있을까?

도입에 대한 충분한 합의

먼저 리모트워크를 도입하는 취지와 이에 따라 강화되는 성과 관리 체계에 대해 충분한 합의가 이루어져야 한다. 근태를 확인하기 위한 수단이 아니라, 명확한 의사소통과 개인 자율성의 보호 및 강화를 위한 것임을 명확하게 해서, 성과 관리 체제에 조직 구성원들이 거부감을 가지는 것을 방지해야 한다. 또한 성과 관리 체제는 고정 불변한 것이 아니라, 업무 환경과 내용에 따라 유동적으로 적용될 수 있음 또한 합의해야 한다.

직무 기술서 작성

각자가 맡고 있는 일에 대해 명료하게 정리할 필요가 있다. 이는 같은 장소에서 일할 수 없는 상황에서 소통의 오류를 줄여주며 신뢰를 다지는 기반이 될 수 있다.

직무 기술서에는 직무의 명칭, 정의, 목표, 성과 지표 등의 내용을 포함해야 한다. 이를 명확히 하지 않을 시 실제적인 성과 관리가 불가능하며, 되려 조직 구성원들이 성과 압박을 느낄 수 있다.

성과 관리 체계 구축

합의된 성과 관리 체제 도입 목적과 직무 기술서를 기반으로 성과 관리 체계를 구축하는 것을 가장 기본으로 해야 한다. 성과 보고의 형식과 공유 방식, 주기 등을 명확히 정해 혼선을 줄이고, 되도록 모든 구성원이 그 자료에 접근할 수 있도록 시스템을 구축하는 것이 좋다.

단, 무리하게 워크숍을 가지는 등 성과 관리 자체가 또 하나의 일이 되지 않도록 주의해야 한다. 또한 체계에 따라 업무의 진행 상황과 소요 시간 등을 기록할 수 있는 적절한 기술적 솔루션 구축에 힘써야 한다.

지속적인 피드백 및 관리

리모트워크의 성과 관리 체계는 변화하는 업무 환경과 조직 구성원 등의 요소에 따라 유동적으로 다뤄져야 한다. 때문에 앞서 합의한 도입 취지, 직무 기술서, 성과 관리 체계에 변화가 필요하다 판단된다면 유연하게 대처할 수 있는 일문화를 다져야 한다.

성과 관리 체계
구축에 대한 오해

리모트워크를 도입한 기업이
마우스의 움직임을 체크하거나 항상 카메라와 마이크를 켜
놓는 등 비효율적이고 노골적인 감시 체계를 도입한다는
기사가 노출되면서, 리모트워크에 '감시'라는 키워드가 따
라붙게 되었다. 이러한 맥락에서 성과 관리 체계 또한 감시
의 일종, 또는 성과 만능주의라는 오해를 받고 있다.

물론 잘 구축되지 않은 성과 관리 체계는 그러한 역효
과를 가져올 수 있다. 하지만 그런 부분들이 걱정된다고 해
서 성과 관리 체계를 세워두지 않으면 소통의 오류, 유대감
훼손, 효율성 저하 등의 문제를 가져올 수 있다.

그렇기 때문에 우리는 성과 관리 체계 구축에 더 공을
들일 필요가 있다. 잘 구축된 성과 관리 체계는 리모트워크
상황에서 줄어들 수밖에 없는 업무적 소통의 빈자리를 채
워준다. 조직 구성원 간 신뢰를 유지시켜 주며, 리모트워크

의 자율성을 근무자가 최대한으로 이용할 수 있도록 돕는다. 리모트워크를 생각하는 기업이라면 빠트려서는 안 될 중요한 요소다.

리모트워크가 가능한
물리적 공간을 제공하라

재택근무는
복지 정책이 아니다

　　　　　　최근 전 직원 재택근무를 도
입한 어느 콘텐츠 회사 대표와 식사 자리를 가진 적이 있
다. 그는 재택근무 도입 후 예상치 못한 직원들의 반응에
난색을 표하며 조언을 구했다. 그의 말을 요약하자면, 자신
은 복지 차원에서 재택근무를 도입했는데 일부 직원이 사
무실과 내 책상 하나 마련해 주지 않는 곳에서는 일하고 싶
지 않다는 의사를 표현했다는 것이다.

이처럼 재택근무 등의 리모트워크를 도입할 때 경영진이 착각하는 지점이 하나 있다. 바로 직원들이 사무실 밖에서 일하는 것을 '무조건 다 좋아할 것'이라는 생각이다.

만약 출퇴근 거리에 대한 부담이 있었거나, 매일 같은 공간에서 일하는 것에 지루함을 느끼던 구성원이라면 리모트워크 도입을 두 팔 벌려 환영할 것이다. 하지만 회사에서 일하는 게 편하고 효율이 높았던 사람도 있으며, 집에 근무 환경을 조성하기 어려운 사람 역시 있을 것이다. 또한 리모트워크를 함으로써 발생하는 부차적인 비용이 경우에 따라 달갑지 않을 수도 있을 것이다.

조직 구성원의 심리적 안정이 곧 생산성이다

위와 같은 사태를 방지하기 위해서는 재택근무 등 리모트워크를 도입할 때 직원들의 요구와 상황을 정확히 파악한 후 적절한 지원을 통해 실행해야 한다. 그중 가장 기본이 되는 것은 '리모트워크가 가능한 물리적 공간'을 제공하는 것이다.

물리적 공간이란 직접적으로 조직 구성원들의 생산성에 영향을 미치기도 하지만 간접적으로도 기능한다. 먼저 직접적으로는 쾌적한 환경과 업무에 몰입할 수 있는 분위기, 책상과 의자 등의 가구를 꼽을 수 있을 것이다. 그리고 간접적으로는 심리적 안정감, 만족감을 말할 수 있다. '원하는 공간에서 쾌적하게 일하고 있다는' 만족감과 안정감은 성과 압박이나 상여 제도와는 다른 차원의 생산성 유도의 방법이다.

리모트워크는 이러한 생산성을 극대화할 수 있다. 하지만 앞서 말했듯 조직 구성원들이 상황을 인지하지 않고 '복지'라는 번지르르한 말과 함께 아무것도 고려되지 않은 리모트워크를 '집에서 일하라'라는 말로 일축해 당근을 건네듯 건넨다면, 그것을 달갑게 받아들 사람은 없을 것이다. 조직 구성원의 심리적 상태는 곧 조직의 생산성에 투명하게 반영된다. 때문에 리모트워크를 도입할 때 이 부분을 염두에 두지 않는다면 기업의 생산성은 큰 타격을 입을 수 있다.

그렇다면 리모트워크가 가능한 물리적 공간에는 어떤 것들이 있을까?

홈 오피스

먼저 리모트워크 하면 가장 흔하게 떠올리는 재택근무의 공간인 홈 오피스다. 홈 오피스는 출퇴근 시간을 절약할 수 있으며 자율도가 높고 편안한 공간이라는 점 등의 장점이 있다.

홈 오피스를 리모트워크의 주 공간으로 제공할 때 주의해야 할 점은 앞서 말했듯 해당 구성원이 홈 오피스를 구축할 수 있는 주거 공간을 가지고 있는지 확인해야 한다. 만약 가능한 상황이라면 하드웨어(노트북, 컴퓨터, 웹캠, 마이크 등)와 소프트웨어(클라우드, 어도비, 오피스365 등), 책상 및 업무 관련 용품 등 필요한 구입 항목을 정리해 업무 시작 전에 모두 준비할 수 있도록 지원해야 한다.

공유 오피스, 코워킹스페이스

위워크, 패스트파이브 등 공유 오피스(코워킹스페이스)를 리모트워크의 업무 공간으로 두는 경우도 많다. 이때 같은 공간에서 일하는 사람들과 네트워킹을 할 수 있으며, 공간의 분위기나 쾌적함에 만족도가 높다는 강점이 있다.

거점오피스

규모가 큰 기업들은 리모트워크를 도입하며 거점오피스로 공간을 제공하기도 한다. 기업 구성원의 거주지 분포와 선호 지역에 대한 데이터를 모은 후 거점오피스를 설계해 구성원들이 본사가 아닌 주거지에서 가깝거나 선호하는 지역의 오피스로 출근하는 것이다. 대표적인 예시로는 SKT의 'Work From Anywhere' 제도가 있다. SKT는 T타워(을지로), 센트로폴리스(종로), 분당·판교 사옥을 비롯해 전국에 거점오피스를 마련해 리모트워크를 시행하고 있다.

공용 공간(카페, 도서관 등)

적절한 환경이라면 카페나 도서관 등의 공용 공간 또한 리모트워크의 업무 공간이 될 수 있다. 다만 공용 공간이

므로 소음 등 방해 요소를 통제하기 어렵고, 고정된 좌석을 확보하는 것은 불가하다는 단점이 있다. 하지만 앞선 공간들과 달리 선택할 수 있는 공간의 폭이 넓기 때문에 다양한 환경에서 일을 하며 몰입 경험을 조절할 수 있다는 장점이 있다.

워케이션(휴가지 원격근무)

워케이션(Workcation)은 휴가(Vacation)와 일(Work)이 조합된 단어로, 휴가지에서 자연과 휴양을 즐기며 리모트워크를 실행하는 일하는 방법을 뜻한다. 영국 BBC 방송은 중남미·유럽 25개국에서 원격근무 근로자를 대상으로 하는 6개월~2년짜리 '디지털 노마드 비자' 발급이 늘고 있다고 보도했다. 제주특별자치도와 제주관광공사 또한 워케이션을 위해 제주도를 방문하는 사람들을 겨냥한 상품 출시를 준비하고 있다고 밝혔다. 워케이션은 평범한 근무 제도 안에서는 불가능한 형태의 만족도를 근무자에게 제공할 수 있다는 점에서 강점을 가진다.

대표적인 사례들만 우선적으로 소개했지만, 리모트워

크의 업무 공간은 무궁무진하다. 가장 중요한 것은 유행을 따르듯 앞선 기업들이 선택한 공간을 답습하는 것이 아니라 조직 구성원들의 상황과 마음을 잘 들여다보고 알맞은 리모트워크의 물리적 공간을 제공해야 한다는 것이다. 구성원의 심리적 안정감과 만족감만큼 중요한 것은 없다.

조직문화를
리모트워크 문화로 재창조하라

리모트워크 도입에 실패하는
기업의 공통점

리모트워크를 도입했다가 다시 예전의 방식으로 돌아가는 기업들을 지금까지 많이 보아왔다. 그 기업들의 공통점이 하나 있다. 바로 리모트워크를 '일하는 방법'의 한 가지로 여겼다는 것이다.

리모트워크의 사전적 정의는 '자신의 업무 스타일에 맞춰 다양한 장소와 공간에서 자유롭게 일하는 방식'으로 '일하는 방식'에 초점이 맞춰져 있다. 하지만 이러한 방식으로만 리모트워크를 이해하고 실행한다면 리모트워크의 이점을 누리기 어렵다. 그렇다면 우리는 리모트워크에 어떤 방식으로 접근해야 하는 걸까? 아래 모 기업의 사례를 함께 살펴보자.

모바일 게임을 제작하는 회사인 P기업은 최근 투자 유치에 성공해 투자금 대부분을 인재 유입에 사용하기로 했다. 인원이 늘어난 만큼 사무실 이전이 필요했지만, 개발 직군 인원 전원을 리모트워크로 전환해 기존 사무실은 본사 개념으로 상주가 필요한 팀들 위주로 근무하게 되었다. 장비부터 리모트워크 장려금까지 모두 적극적으로 지원해 해당 인원들의 편의와 만족도에도 힘썼고, 월별로 이루어지는 회사 단체 워크숍을 통해 유대감을 형성하는 것도 잊지 않았다. 하지만 리모트워크를 시작한 지 채 3개월이 되지 않은 시점에서 직원들은 사무실 내 일하는 공간의 부족을 문제삼고 이전을 요구했다. 어떻게 된 일일까?

P기업은 리모트워크에 필요한 물리적 공간, 소프트웨어, 유대감 형성 등의 요소를 두루 신경 써 리모트워크를 도입했다. 하지만 그것들이 빛을 볼 수 없도록 발목을 잡은 가장 중요한 요소가 한 가지 있다. 바로 기업 내 공기와 같

은 존재인 기업문화다.

P기업의 기업문화가 리모트워크와 잘 호응하지 않다는 걸 보여줄 수 있는 예시를 몇 가지 들어보려 한다. 첫째로 P기업은 리모트워크를 하는 직원들에게 업무 시간 내(점심 휴게시간 제외) 카메라와 마이크, 스피커를 항시 켜둘 것을 요구했다. 또한 전자결재 시스템을 따로 구축하지 않아서 지출결의서와 휴가계획서 등을 결재받고자 할 때면 본사에 나와 받도록 했다. 업무시간 내내 감시받는다는 기분과 오로지 결재를 위해 본사를 방문해야 한다는 점과 시급한 결재 건을 바로 처리하지 못한다는 점의 비효율성 때문에 리모트워크를 하던 직원들이 다시 사무실로 돌아오게 된 것이다.

리모트워크에 필요한 문화란 무엇인가

P기업은 리모트워크에 맞는 문화를 창조하지 않은 채 옷을 바꿔 입듯 리모트워크를 단순히 일하는 방법으로 받아들였다. 그렇기 때문에 실패할

수밖에 없었다.

그렇다면 리모트워크에 필요한 문화란 무엇일까? 앞서 지속적으로 얘기했듯이 리모트워크를 도입할 때는 대상이 되는 조직 구성원들의 상황과 요구 사항, 회사의 입장과 목표 등을 섬세하게 고려한 후 각 기업에 맞는 방식을 찾아야 한다. 하지만 그것을 뛰어넘어 리모트워크를 도입하고자 하는 기업들에게 꼭 필요한 기업 문화의 요소 세 가지가 있다.

워킹(Working) 아닌 태스킹(Tasking)

'우아한형제들'의 김봉진 의장은 《이게 무슨 일이야!》(우아한형제들, 북스톤, 2022)에서 '일을 잘한다는 것은 어떤 의미냐'는 질문에 아래와 같이 대답한다

일 잘한다는 의미를 생각하려면 '일'과 '잘한다'는 말을 살펴볼 필요가 있어요. (중략) 포털 사이트에 '일'을 검색하면 '어떤 계획과 의도에 따라 이루려고 하는 대상'이라고 나와요. 이게 일이에요. '의도와 계획'이 있어야 해요. (중략) '잘한다'는 좋은 상태로 만드는 것이죠. 결과물을 만들어야 하는데 그냥 만드는 게 아니라 좋은 상태로 만들어야 하니

계획과 의도를 잘 만들어야겠죠. 결국 '일을 잘한다'는 건 처음에 계획을 잘 세우고, 그걸 잊지 않고 이 일의 목표와 결과가 무엇인지 계속 고민하면서 만든다는 것 같아요.

– 우아한형제들, 《이게 무슨 일이야!》, 북스톤, 2022

리모트워크 문화에서는 군더더기가 있어서는 안 된다. 리모트워크는 기본적으로 '통제'에서 벗어난 시스템이기 때문이다. 그렇기 때문에 통제를 통해서만 자신의 일을 하는 사람들, 주어진 일만 하는 사람들은 리모트워크 조직에 맞지 않다.

즉 리모트워크 조직은 의도와 계획 없이 그저 무지성적으로, 관성적으로 일(Working)하는 사람들이 아닌, 자신의 일이 회사에 미치는 영향을 이해하고, 분명하고 역량에 맞는 목표와 계획을 설정한 후, 의도를 가지고 일(Tasking)하는 사람들로 이루어져야 한다. 그래야만 떨어져 일할 때에도 길을 잃지 않을 수 있으며 성과 측정이 가능하기 때문이다.

상호 신뢰

서로 신뢰하는 문화는 그저 분위기나 유대를 높여준다

는 의미만 가진 것이 아니다. 상호 신뢰는 여러 리스크를 예방하고 소통 부재에 의한 비용을 줄여주는, 리모트워크 문화의 중요한 요소 중 하나다.

앞선 P기업의 예시에서 리모트워크 지침 중 카메라, 마이크, 스피커를 항상 사용 가능한 상태로 두어야 한다는 항목을 떠올려 보자. 표면적으로는 언제 어디서나 연결될 수 있는 환경을 만들기 위해서인 것 같지만, 사실은 상호 신뢰 문화가 구축되지 않았기 때문에 생긴 조항이다. 그럼으로써 리모트워크를 하는 직원들은 감시받는다는 기분을 느낄 것이고, 상호 신뢰는 더욱 힘들어질 수밖에 없다. 그리고 애초에 그것으로 어떤 감시의 목적을 달성하기도 어렵다.

상호 신뢰 문화가 조성되어 있다면 이러한 조항은 불필요할 것이다. 임원의 입장에서는 눈에 보이지 않는 구성원이 '과연 일을 열심히 할까?'라는 생각을 가지는 것이 당연할지도 모른다. 동료 간에도 마찬가지다. 하지만 해와 바람 동화를 떠올려보라. 나그네의 외투를 벗긴 건 결국 매서운 바람이 아니라 따뜻한 볕이었다. 누군가 나를 믿어주는데 그 믿음을 배신하고 싶어 하는 사람은 드물 것이다. 그렇기 때문에 리모트워크 문화에서는 상호감시 문화보다는 상호 신뢰 문화를 구축해야 한다.

투명성

마지막으로 투명성은 앞서 이야기한 두 가지 문화가 가능하도록 하기 위해서 필수적으로 갖춰야 할 문화다. 유니콘 금융서비스 기업인 'toss'는 신뢰 문화 구축과 자율적인 근무 방식을 위해 '일부 구성원들만 알고 있는 정보를 만들지 않기 위한 노력'을 아끼지 않는다 밝혔다.

가령, 연봉 등과 같은 아주 민감한 정보를 제외한 회사 보유 현금, 매출, 1인당 카드 사용비 등의 정보를 최대 수준으로 내부 시스템을 기반으로 공유하는 것이다. 이처럼 기업의 상태와 일어나고 있는 일들에 대한 정보를 구성원들에게 투명하게 공개하는 것은 리모트워크 문화에서 또한 중요하다. 워킹(Working)이 아닌 태스킹(Tasking)을 하려면 결국 회사 전체 목표를 달성하는 데 어떤 일을 하는 것이 좋을지 스스로 판단해야 하는데 그것의 지표가 되는 정보가 필요하기 때문이다. 또한 모두가 정보를 공유하고 있을 때 신뢰도 가능하며, 더불어 협업 시에도 맥락이 형성되어 소통 비용을 줄여준다.

리모트워크를 단순히 일하는 방법으로 접근하는 것은 리모트워크 도입 실패의 주요한 원인이 된다. 때문에 기업 문화를 리모트워크와 호응할 수 있도록 구축하는 것이 무엇보다 중요하다. 그럴 때 리모트워크는 자연스럽게 기업에 녹아 우리가 바라는 혁신의 시발점이 되어 줄 것이다.

아날로그 감성의
'맥락' 공유가 핵심이다

리모트워크의

미묘한 순간들

최근, 사내 처음으로 리모트워크를 도입해 2년째 이어오고 있는 브랜드마케팅팀에 새로운 구성원이 합류했다. 데이터를 중심으로 의사결정을 하고 성과를 내며 커리어를 쌓아온 마케터 K였다. 그간 리모트워크를 이어오면서 새로운 사람이 팀에 입사한 것이 처음은 아니나, 채용 과정부터 비대면을 적용한 경우는 최초였다. 얼굴 한 번 실제로 보지 않고, 악수 한 번 나누지 않고 조직에 새로운 이를 들이는 일이 처음이었기에 긴장감도 있었고 설렘도 있었다.

걱정했던 것과는 다르게 K는 빠르게 팀원들과 합을 맞추었고, 업무 성과 또한 기대 이상이었다. 하지만 브랜드마케팅팀 화상회의를 하고 나서면 매번 무언가 불편하고 신경이 쓰이는 듯한 마음이 남게 되었다. K는 말수가 적고 표정 변화가 거의 없었는데, 속내를 모르겠다는 생각이 들었던 것 같다. 왜 적극적으로 의사를 표현하지 않는지 답답함을 느끼기도 했다. 하지만 그것으로 문제가 생긴 것은 없으므로 지나갈 감정으로 여겼다.

그러던 중 일이 터졌다. 여러 업체와 협업해 광고 플랜을 세우는 프로젝트가 진행되던 때였다. 최종 시안을 받아들고 나는 기함을 했다. 최근에 변동이 있었던 협력 기업 주요 정보가 변경되지 않은 채로 인쇄물이 제작된 것이었다. 업로드 예정이었던 유튜브 영상에도 상황은 마찬가지였다. 담당자인 K에게 즉시 전화를 걸어 자초지종을 묻지도 않고 버럭 화를 냈다. 하지만 문제가 생긴 원인을 듣고나서는 그 일을 후회하지 않을 수 없었다. 제대로 들여다본 그 일의 원인은 K가 아니었기 때문이다. 협력 업체 측 담당자로부터 시작된 문제였다. 하지만 나는 담당자가 K인 것을 알게 되고, 제대로 된 현상 파악도 전에 K를 나무란 것이다.

그 일을 겪고, 나는 평소와 다른 내 행동을 돌아보며 그것이 신뢰의 문제였다는 걸 깨닫게 되었다. 화상회의 때마다 느낀 미묘하게 불편한 순간들이 모여 나도 모르게 K에 대한 신뢰가 쌓이지 않고 있었음을 알게 되었다. 치명적인 문제라는 생각이 들어, 브랜드마케팅팀에 오프라인 미팅을 요청해 팀 미팅과 개별 면담 시간을 가졌다.

개별 면담에서 본 K는 섣불리 말하기보다는 정제된 말을 고르고 골라 건네는 사람이었고, 그 과정에서 충분한 시간을 필요로 하는 사람이라는 걸 알게 되었다. 수줍음이 있어 표정 변화는 없지만 눈빛에서 K의 다양한 감정을 읽을 수 있었다. 컴퓨터 모니터로는 느낄 수 없는 것들이었다.

문제가 있을 때마다
만날 수는 없다

내가 겪은 상황에서는 브랜딩-마케팅 전 구성원이 당시 서울에 거주하고 있었기 때문에 바로 오프라인 미팅을 잡을 수 있었다. 하지만 만약 구성원들이 전국에 뿔뿔이 흩어져 있었다면? 해외에 거주지를 두고 있는 팀원이 있었다면? 그렇지 않다 하더라도 문제가 있을 때마다 오프라인 미팅을 수시로 잡는다면 리모트워크의 의의와 효과는 훼손될 것이다.

대부분의 기업 임원진이 리모트워크를 도입할 때 가장 염려하는 것은 '직원들이 내 눈에 보이지 않는 곳에서도 열심히 일할까?'이다. 하지만 사실 가장 신경을 써야 할 부분은 어떻게 직접 만나지 않고도 유대와 신뢰를 유지하고 만들어나갈 수 있는지다. 또한 대면 업무를 하면서는 자연스럽게 공유되는 일의 '맥락'을 리모트워크 시 어떻게 나눌 수 있을지에 대한 고민도 필요하다.

가령, 대면 업무 시에는 다른 팀들과도 사무실을 공유하며 그들이 지금 무엇에 신경을 쓰고 있고, 팀 분위기나 상황이 어떤지 말로 하지 않아도 느끼거나 관찰할 수 있다. 그런 배경지식과 맥락이 있는 상태에서 해당 팀에게 협업 요청을 받는다면 그 의도와 목적, 시급함 정도를 자연스럽게 알고 있는 상태에서 소통할 수 있게 된다.

하지만 이런 맥락이 전혀 공유되지 않은 채 협업 요청

을 받는다면 소통에 많은 품이 들며, 나쁘게는 의도가 잘못 전달되거나 기분이 상할 수도 있을 것이다. 그렇기 때문에 리모트워크를 성공적으로 도입하기 위해서는 어떻게 만나지 않고도 맥락을 공유할지, 유대를 형성할지 그리고 우리 회사 구성원의 상황에 맞는 대면 미팅의 빈도는 어느 정도인지 섬세하게 생각할 필요가 있다.

만나지 않고
맥락을 공유하는 방법

리모트워크를 도입한 기업들은 이미 '만나지 않고 맥락을 공유하는' 저마다의 방법을 개발하고 적용하고 있다. 업무 외 잡담을 기본으로 하는 채팅 채널을 구축하기도 하고, 화상회의 프로그램을 통해 점심 식사를 함께 하기도 한다. 대면 업무를 하면 자연스럽게 생기는 티타임을 온라인에서도 구현하기 위해 티타임을 정해 놓고 이야기를 나누기도 한다.

새로 입사한 사람들의 원활한 적응을 위해 멘토-멘티 제도를 실행하는 회사도 흔하다. 또한 온라인 세미나, 워크숍을 주기적으로 주최해 공통 관심사를 나누며 업무에 대한 이야기를 나누는 자리를 마련해 효과를 보고 있는 기업들도 많다. 또한 전문 커뮤니티 기업에 의뢰해 독서 모임, 명상 모임, 운동 모임 등의 프로그램을 마련해 기업 구성원들에게 제공하는 기업들도 늘어나고 있다.

이처럼 리모트워크를 도입하고 있는 회사들이 기를 써서 '업무 이야기가 아닌 잡담'을 장려하며 구성원들의 관계맺기를 신경 쓰는 이유는 결국 회사라는 조직의 정체성은 모일 '회'(會), 모일 '사'(社)라는 뜻에서도 드러나듯, 사람이 모여서 일을 하는 곳이기 때문이다. 회사 조직 구성원들이 힘을 모아 일하지 않는다면 회사의 성과는 각 개인의 능력과 생산성의 합과 일치할 것이다.

하지만 그것으로는 부족하다. 사람들이 모여 일할 때의 시너지로 인해 개인으로 존재하고 일할 때는 이룰 수 없던 일들을 함께 이루어 나갈 수 있다는 게 사람들이 회사라는 집단 안에서 일하는 이유고, 곧 회사의 존재 이유다. 그렇기 때문에 가장 중요한 것은 원활히 협업할 수 있는 관계를 유지, 형성하는 것이고 그 속의 맥락을 모두가 함께 공유하는 것이다. 많은 기업이 리모트워크를 도입할 때 문제를 겪는 이유도 이것에 있다. 사무실에 모여 일할 때는 어느 정도 자연스럽게 형성되던 관계와 맥락이 리모트워크 환경에서는 자연스럽게 만들어지지 않기 때문이다. 때문에 리모트워크를 도입할 때는 그것을 어떻게 만들어내고 극대화할 수 있는지에 대한 고민이 필수적이다.

그럼에도
만나야 하는 이유

그렇다면 사무실은 필요가 없게 될까? 나는 그렇지 않다고 생각한다. 다만, 리모트워크를 하면서 집과 다른 여타 공간들이 일하는 공간의 역할을 하고 있기 때문에 사무실을 오로지 일하는 공간으로 디자인하는 것은 이제 효과적이지 않다. 대신에 사무실은 기업 구성원들이 안전하게 서로를 탐색하고 함께 성장하고 관계를 맺는, 사교의 공간으로 거듭나야 한다. 사무실의 패러다임이 완전히 바뀌는 것이다.

기술의 발전으로 온라인에서도 소통하고, 관계를 맺고, 맥락을 공유하는 일은 어렵지 않게 되었다. 하지만 앞서 내가 K에 대한 오해를 대면 미팅 한 번으로 구구절절한 과정 없이 단번에 풀어냈듯이, 아날로그적 만남의 힘은 강력하다. 기업의 성격, 구성원의 상황, 추구하는 가치에 따라 빈도와 방향에서의 차이는 당연하겠지만 그럼에도 우리는 얼굴을 마주하며 서로를 만날 필요가 있다.

| 6장 |

• • •

스마트워크
구축의 ABC

A 설계하기:
스마트워크 기획

'스마트워크'라는

거대한 담론

앞선 장에서 우리는 왜 앞으로 스마트워크를 발 빠르게 도입한 기업이 앞서 나갈 수밖에 없는지, 스마트 피플을 끌어들이고 생산성 향상을 일으키는 스마트워크란 무엇인지, 스마트오피스 실행의 첫 단계인 리모트워크를 어떻게 시작할 수 있는지를 함께 살펴보았다.

이번 장에서는 앞서 소개한 '리모트워크'를 기본으로 해서, 어떻게 각 기업에 알맞은 스마트워크를 디자인할 수 있을지 상세히 알아볼 것이다. 스마트워크 도입을 생각하고 있는 기업들이 참고할 수 있도록 가장 기초적인 단계에서 스마트워크를 기획하는 방법을 소개하고자 한다.

스마트워크를 자율좌석, 리모트워크, 유연근무 등의 몇 가지 키워드로 해석하고 도입하는 기업이 많다. 하지만 그렇게 스마트워크를 도입할 경우 '어떻게'에만 초점이 맞춰져 스마트워크 도입의 본질적인 목표와 이유는 흐려지고, 결과적으로 목적한 바를 이루기 어렵게 될 가능성이 크다.

이러한 지점을 놓치지 않고 스마트워크를 도입하려면 어떤 단계를 거쳐야 하는지 이번 장에서 소개해 보려고 한다. 앞서 말했듯 스마트워크는 거대한 담론이다. 때문에 이번 장에서 또한 가장 굵직한 뼈대를 맞춰가는 수준에서 논의를 진행할 것이다. 그 사이를 섬세하게 채워나가는 과정 또한 필요함을 미리 명시한다.

스마트워크의 첫 번째 단계는 기업의 기초 사항을 점검하는 것이다. 기초 사항을 점검하기 위해서는 먼저 기업의 인프라를 파악하고, 그다음은 스마트워크에 대한 구성원들의 인식과 바람을 파악하고 합의점을 찾아야 한다.

1단계: 기업의 인프라 파악하기

기업의 인프라는 크게 물리적 인프라와 문화적 인프라로 나뉜다. 물리적 인프라에는 기업 구성원, 공간, 책상, 데스크톱 등을 포함한 기기와 가구를 예로 들 수 있다.

문화적 인프라는 조직문화와 기업문화로 크게 나눌 수 있다. 이러한 인프라 파악이 중요한 이유는 결국 스마트워크 또한 일하는 문화의 한 종류이기 때문이다. 조직문화와 기업문화는 기업을 물리적으로 이루는 조직 구성원, 오피스 공간, 물건들과 상호작용하며 생성되고 발전한다.

물리적 인프라 또한 문화적 측면에 영향을 받아 재구성되고 혁신을 거듭한다. 이것은 하나의 생태계라고 말할 수 있을 정도로 긴밀하고 유동적이며 고유하다. 그렇기 때문에 스마트워크라는 새로운 일문화를 기존의 것들과 큰 마찰 없이 알맞은 형태와 방식으로 도입하기 위해서는 현재 기업이 가진 인프라를 파악하는 과정을 거쳐야 한다.

2단계: 스마트워크에 대한 구성원들의 인식 파악 후 합의점 찾기

스마트워크를 실행할 때, 참여할 사람들의 의견 없이 실행되는 것만큼 공허한 것은 없다. 때문에 담당 부서나 기획자, 임원들의 의견으로만 스마트워크를 디자인하는 일은 위험하다.

이를 방지하기 위해 기초사항 점검 단계에서 워크숍, 설문, 인터뷰 등을 통해 구성원들의 현재 스마트워크에 대한 인식(개념, 선호도 등)과 도입 목적, 선호하는 방향성, 예측되는 어려움 등을 파악하고 그러한 인식을 공유하는 과정이 필요하다.

기초사항 점검이 끝났다면 구체적으로 스마트워크를 설계하는 단계를 진행하면 된다. 이때 기초사항 점검 단계에서 파악한 인프라와 합의된 의견 등을 적극적으로 고려하며 스마트워크 일문화를 설계해야 한다. 설계 단계의 내용은 도입 규모, 도입 형태, 예산 등의 조건에 따라 달라지지만, 스마트워크를 도입하는 기업이라면 놓쳐서는 안 될 몇 가지 항목이 있다.

대상 및 형태 선정

직무에 따라 스마트워크 활용도는 달라진다. 통상적으로는 성과를 시간이 아닌 수치로 가시화할 수 있고, 근무 시간과 장소의 제약이 적은 직무의 경우가 스마트워크에 대한 허들이 낮다. 또한 각 부서의 문화에 따라서도 적합도가 달라질 수 있다. 구성원 간 신뢰 정도가 강하고 수평적인 부서일수록 스마트워크를 무리 없이 받아들이는 경우가 많다. 만약 기업 구성원들이 스마트워크에 대한 부담이 큰 경우라면, 이를 고려해 스마트워크 도입에 가장 적은 마찰을 일으킬 대상을 선정한 후 가장 기초적인 단계에서부터 (순환 재택근무 형태 등) 순차적으로 스마트워크를 도입하는 것을 추천한다.

스마트워크 매뉴얼 작성

스마트워크에 대한 일련의 내용들은 구두로만 합의할 것이 아니라 문서화된 매뉴얼로 작성되어야 한다. 도입 초기의 혼란을 막고, 더욱 발전된 단계로 스마트워크를 지속적으로 성장시키기 위해서는 자료 구축이 필수적이다. 매뉴얼에는 스마트워크의 정의와 도입 목적, 기간, 적용 인원, 담당 부서(담당자), 근무 방식(근로시간, 연장근로, 회의, 보고, 결재, 소통 등), 성과 관리, 보안 방법, 지원 범위 등을 명시해야 한다.

스마트워크 지속성장 방안 마련

앞서 언급했듯 스마트워크는 도입 초기에 완벽한 형태로 자리 잡을 수는 없다. 섬세히 설계했더라도 조직 구성원들의 성향과 기업 내 상황에 따라 알맞게 변형되고 그 과정에서 조금 더 발전적인 형태로 진화하는 것이 자연스럽다.

그렇기에 이 변화의 양상을 주기적으로 점검하고 관리할 필요가 있다.

정기적인 교육과 워크숍 일정을 기획 단계에서부터 고려해 정기적으로 스마트워크에 대한 조직 구성원들의 만족도를 공유해 강화할 점과 개선할 사항들을 반영해야 한다. 또한 스마트워크가 목적한 바를 이루고 있는지 그 성취에 대한 부분을 점검해야 한다. 마지막으로 스마트워크라는 새로운 일문화 환경에서 놓치기 쉬운 조직 구성원 간의 유대와 소통을 보완하는 것에도 지속적인 노력이 필요하다.

B 시작하기:
스마트워크 교육 및 시범 운영

우리는 로봇, AI가

아니다

스마트워크를 도입한다는 것은 '일문화의 변화'를 시도하는 것이다. 우리의 일하는 방식을 '문화'로 일컫는 이유는 그것이 단순히 사내 규칙과 매뉴얼로만 구성되는 게 아니기 때문이다.

문화란 암묵적 또는 명시적으로 합의된 목적을 바탕으로 구성원들이 습득해 공유하고 나누고자 하는 모든 생활, 행동, 정서 등의 양식을 뜻한다. 즉, 문화는 '구성원'이라고 일컬을 수 있는 집단이 존재하고, 그 집단에 공동의 목표가 있는 곳에서 피어난다. 때문에 같은 목표를 추구하는 사람들의 집합으로 이루어진 기업 또한 문화가 형성되는 곳이다. 이 지점을 이해해야만 제대로 된 일문화 혁신을 시도할 수 있다.

일부 기업은 스마트워크 도입을 단순히 사내 규칙과 매뉴얼의 변화로 생각한다. 규칙과 매뉴얼을 바꾸면 혁신은 자연스럽게 일어난다 믿는다. 하지만 우리가 바꾸려고 하는 것은 앞서 말했듯 '문화'다. 각 기업에는 그러한 문화가 자리 잡은 이유가 있었을 것이다. 그것을 들여보지 않고, 마치 로봇, AI에 신기술 또는 새로운 알고리즘을 입력하듯 기업에 스마트워크를 주입하려 한다면 기대한 결과를 얻기 어려울 것이다. 우리는 로봇, AI가 아니며 우리가 만들어낸 문화는 알고리즘처럼 설계되어 있지 않기 때문이다.

성공적인 혁신을 위해서는 새로운 문화가 움틀 공간을 충분히 확보하는 과정이 필요하다. 이번 장에서 다뤄볼 스마트워크 교육 및 워크숍, 시범 운영 단계는 그 공간을 확보하기 위해 필수적으로 거쳐야 할 단계다.

스마트워크 교육 및 워크숍

스마트워크 교육 및 워크숍 단계의 목적은 크게 두 가지다. 첫째는 새로운 문화를 일구기 위해 필요한 도구를 전 직원들에게 교육하는 것이고, 둘째는 새로운 문화에서 필요한 감정적 교류를 학습하고 연습하기 위함이다. 즉, 조직 구성원들의 '적응'을 돕기 위함이다.

두 목적이 잘 충족되었을 때, 조직 구성원들은 적응적으로 혁신 문화에 대처하고, 그 문화를 빠르게 발전시킬 수 있을 것이다. 또한 그 과정에서 생기는 리스크 또한 최소화할 수 있을 것이다. 그렇다면 스마트워크 교육 및 워크숍에서 필수적으로 고려되어야 할 사항은 무엇일까?

교육 및 워크숍 규모, 횟수 결정하기

어느 정도의 규모로, 몇 회에 걸쳐 워크숍 및 교육을 진행할 것인지 고려해야 한다. 편의상 교육과 워크숍을 한 범주에 묶어 논의를 진행하고 있지만, 구분해 보자면 교육은 조직 구성원들이 곧바로 수용하고 흡수할 내용을 전달하는 과정이고, 워크숍은 조직 구성원들에게 비판적 사고를 요구하고, 또 합의하는 과정이다. 각 기업의 상황에 따라 교육 및 워크숍을 구분해 진행하거나 또는 통합된 형태로 진행할 수 있을 것이다.

교육 및 워크숍의 세부적 과정은 대상(CEO, 임원진, 관리자, 직원) 또는 팀을 기준으로 기획할 수 있다. 상황의 여의치 않을 때는 대면 또는 온라인 교육을 생략하고 자료 배포로 대체할 수 있지만, 전 직원 또는 업무가 긴밀히 연결되어 있는 인원에 대해서는 대면 또는 비대면 워크숍을 진행하는 것이 좋다.

교육하기

스마트워크를 위해서 조직 구성원이 빠르게 인지하고 흡수해야 할 내용을 전달하는 것을 목적으로 하는 교육 과정에는 몇 가지 필수적으로 포함되어야 하는 것이 있다. 먼저, 근무 규정이다. 'A 스마트워크 설계' 과정에서 합의하고, 서면으로 정리한 스마트워크 매뉴얼(스마트워크의 정의와 도입 목적, 기간, 적용 인원, 담당 부서(담당자), 근무 방식(근로시간, 연장근로, 회의, 보고, 결재, 소통 등), 성과 관리, 보안 방법, 지원

범위 등)을 공유하고, 모호한 부분이 있다면 보다 명확히 정의해 조직 구성원들이 스마트워크를 추상적인 개념이 아닌 구체적인 매뉴얼로 받아들일 수 있도록 해야 한다.

워크숍 진행하기

워크숍은 관계적 차원에 집중해 진행하는 것이 중요하다. 기존의 상황에서도 조직 구성원들의 가장 큰 스트레스 요인은 '인간관계'였을 것이다. 스마트워크에서의 '인간관계'에 부담을 느낀다는 사례가 반복적으로 제시되고 있는 상황에서, 조직 구성원들을 그러한 스트레스에 노출시키지 않기 위한 전략이 필요하다.

관계에서의 스트레스는 개인이 악의를 가지지 않는 경우 대체로 '오해'로 인해 발생하고 때문에 '적절한 소통'이 해결법이 될 수 있다. 스마트워크라는 새로운 일문화에서는 새로운 오해가 생길 가능성이 크다. 그것에 대처하기 위해서는 '오해'가 생길만한 상황을 예측해 워크숍을 통해 공유하는 것과 적절한 소통 가이드를 도출하고 공유하는 과정이 필요하다. 구체적인 소통 시나리오를 작성해 공유하는 활동, 또는 스마트워크 시 용이한 소통을 위한 아이디어를 나누고 매뉴얼을 작성하는 활동 등이 도움이 될 수 있다.

'스마트워크 시범 운영'은 스마트워크를 본격적으로 도입하기 바로 전 단계다. 실전에 대비할 수 있는 마지막 기회라는 것이다. 시범 운영의 대상은 스마트워크 적응에 가장 용이한 구성원들로 선정하는 것이 부담 없지만, 무선적으로 선정해 조금 더 현실적인 문제에 대비하는 것도 좋은 방법이다. 스마트워크 시범팀의 대상과 규모, 기간 및 구체적 일정을 정한 후에 앞서 설계한 매뉴얼을 바탕으로 시범 운영을 시작하면 된다.

시범 운영 기간에 꼭 수행해야 할 두 가지 일이 있다. 먼저 첫 번째, 단순 감상에 그치지 않는 결과 공유이다. 결과 공유는 시범 운영 대상의 일지, 인터뷰 또는 보고서를 바탕으로 하되 평가하고 판단 가능한 형태로 전 직원에게 공유되어야 한다. 이때 평가, 판단 가능하다는 것은 자료의 객관성과 판단 기준이 필요함을 의미한다.

분석의 대상이 되는 자료는 근무 시간, 업무 효율, 업무 생산성, 업무 프로세스, 장비 및 프로그램 활용도, 만족도, 장애요인, 동료 평가 등이 될 수 있을 것이다. 위 자료들을 판단하는 기준은 각 기업의 상황에 알맞게 설정하는 것을 추천한다. SWOT 분석 등 기존의 툴 중 적절한 것을 이용하는 것도 나쁘지 않은 방법이다.

아래 표는 SWOT 분석을 스마트워크에 적용한 예시다. 이와 같이 툴을 활용해 수집한 자료를 분석했다면, 그 자료

| SWOT 분석 예시 1 |

Strength	Weakness
스마트워크 도입의 기업 내부 강점 요소	스마트워크 도입의 기업 내부 약점 요소
Opportunities	Threat
스마트워크 도입의 기업 외부 기회 요소	스마트워크 도입의 기업 외부 위기 요소

| SWOT 분석 예시 2 |

	Strength	Weakness
Opportunities	기업 내부의 강점 요소를 살려 기회를 잡아 스마트워크 문화를 가속화	기업 내부의 약점 요소를 보완해 스마트워크 발전 기회를 붙잡기
Threat	기업 내부의 강점 요소를 통해 외부 위기를 극복	기업 내부의 약점 요소를 보완해 위기에 대처

를 기존 스마트워크 설계안에 적용해 수정, 보완해야 한다. 이 단계까지 마무리되었다면, 본격적인 스마트워크 도입을 위한 모든 준비가 끝났다.

C 지속성장 가능한
스마트워크 문화 만들기

기업 문화는

하나의 생태계와 같다

　　　　　　　　　'C 지속성장 가능한 스마트
워크 문화 만들기'는 스마트워크를 본격적으로 도입하는
단계다. 이 단계에서는 새로운 일문화가 기업 내에 성공적
으로 자리 잡고, 나아가 지속성장할 수 있도록 발판을 다지
는 것이 중요하다. 충분한 논의를 거쳐 매뉴얼을 개발하고,
교육과 시범 도입 단계를 지나 이 단계까지 온 기업들은
'이제 다 됐다'라는 생각으로 긴장을 풀기 쉽다. 하지만 더

중요한 것은 도입 이후의 관리이다.

일문화, 나아가 기업 문화는 기업 내부와 외부 상황에 따라 유동적으로 변화한다. 즉 고정불변하지 않다. 기업 문화는 마치 하나의 생태계처럼 작동한다. 종 간의 경쟁, 변화하는 자연환경, 기타 우연적 요소들에 의해 끊임없이 변화해 온 생태계처럼 기업 문화 또한 구성원들 간의 상호작용과 시대적 상황에 따라 변화를 거듭한다. 때문에 스마트워크 문화 또한 지속적인 관리, 즉 성장을 위한 동력 제공 및 장애물 제거가 필요하다.

전자는 업무 툴, 장비, 소통 방식에 있어 지속적인 발전을 꼽을 수 있고, 후자는 생태계를 망치는 유해종, 교란종 또는 악습과 같은 조직 구성원, 사내 문화 등을 관리하는 것을 말한다. 더불어 A단계에서 설계하고 B단계에서 보완해 최종적으로 결정했던 '스마트워크/리모트워크'의 궁극적인 목표를 달성할 수 있는 방향으로 기업 일문화가 성장하고 있는지 살펴야 한다. A, B 단계를 통해 나무를 심었다면 C 단계에서는 나무가 잘 자랄 수 있는 환경을 조성하고, 원하는 방향으로 나아갈 수 있도록 섬세한 가지치기가 필요하다는 것이다.

스마트워크 문화를 본격적으로 실행 후 관리해야 할 것은 크게 두 가지로 나눌 수 있다.

첫째, 스마트워크 경험을 공유해야 한다

같은 매뉴얼 아래 스마트워크를 하고 있지만 그 경험은 팀, 직급, 개인의 성향에 따라 달라질 것이다. 때문에 그러한 고유한 경험들을 공유할 필요가 있다. 보고서, 회의 등 형태의 공유는 품이 많이 들고 소모적인 방식이 될 가능성이 크기 때문에 스마크워크 도입의 초기 단계에 짧게 활용하는 것을 추천한다.

그보다는 전 직원이 쉽게 접근할 수 있는 온라인 공간을 통해 스마트워크 경험을 공유하는 것이 효과적이다. 누구나 자료를 올릴 수 있고, 또 투명하게 공유할 수 있는 공간을 통해 스마트워크 문화 경험의 질이 고른 지 점검하고, 물리적으로 떨어진 환경에서 불가피하게 발생하는 소통의 틈, 빈약한 맥락을 보완할 수 있다.

둘째, 구축한 자료를 토대로 리스크를 관리해야 한다

조직 구성원들이 토로하는 불만, 요청 사항, 갈등 상황 등은 모두 리스크 관리의 중요한 자료가 된다. 이를 활용해 매뉴얼을 수정, 보완하거나 Q&A 등을 정리함으로써 스마트워크 문화 실행이 조금 더 원활하게 이루어지도록 해야 한다.

위 두 가지 과정을 진행할 때 주의할 점은 경험 공유, 리스크 관리를 위한 자료 수집이 조직 구성원들에게 마이크로 매니징(Micro Managing), 또는 업무를 방해하는 일로 여겨져서는 안 된다는 것이다.

이를 위해서 수집할 자료의 경계를 잘 설정해야 하며, 스마트워크 문화를 위해 모든 조직 구성원들이 힘써야 한다는 인식을 공유하되, 구성원들의 상황에 따라 유연하게 문화를 만들어나가야 한다.

지속성장 가능한 스마트워크 문화를 만들기 위해서는 '기업 문화는 하나의 생태계와 같다'는 인식을 구성원들과 공유하며 책임의식을 가질 수 있도록 독려하는 것이 기본이 되어야 한다. 하지만 개개인의 노력만으로는 부족하다. 지속성장 가능한 스마트워크 문화를 만들기 위해서는 아래 세 가지 사항에 중점을 두어야 한다.

먼저 첫째, 신규 입사자 관리이다. 전통적인 기업 문화에서라면 입사자들이 업무적으로든, 관계적으로든 어깨너머로, 분위기로 파악할 수 있었던 것들이 스마트워크 기업 문화에서는 공백으로 남게 되었다. 그만큼 신규 입사자들에게는 스마트워크 기업 문화가 부담스럽고 어렵게 느껴질 수 있다. 때문에 단순히 매뉴얼을 전달하는 것을 넘어서 관계적인 측면에서 입사자들의 부담을 줄이고 적응을 도울 수 있는 제도적인 장치가 필요하다.

두 번째로는 공간의 힘과 행사의 힘을 빌리는 것이다. 서면으로 작성한 기업의 문화가 사람들에게 스며들기 위해서는 물리적 환경과 행사 등 활동의 도움을 받아야 한다. 공간을 만드는 것은 사람이지만, 공간 또한 사람을 변화시킬 수 있다. 독서실 같은 공간에서는 집중도 높은 분위기가 형성될 것이고, 카페 같은 분위기에서는 자유롭고 창의적인 사고가 활성화될 수 있다.

스마트워크로 나아가기 위해 공간 또한 변화해야 하는 이유가 바로 여기 있다. 각 기업의 목적에 따라 설계한 스마트워크 문화에 도달하기 위해서는 공간 또한 그에 발맞춰 혁신해야 한다. 목적에 맞게 디자인된 공간에서 조직 구성원들은 일하고, 이야기를 나누고 또 지속성장 가능한 문화를 만들어가게 될 것이다.

마지막으로는 기업 문화가 고립된 생태계가 되지 않도록 지속적인 노력을 들여야 하는 것이다. 고인 물은 썩기 마련이다. 지금처럼 기술, 사람, 환경 등 모든 분야에서 변화가 빠른 시대에는 더더욱 외부 환경에 민감하게 반응할 필요가 있다.

스마트워크와
사무 환경의 연관성

사무 환경과 일문화의
순환 원리

　　　　　　　　앞선 장을 통해 우리는 스마
트워크 구축의 ABC를 알아보았다. 스마트워크를 어떻게
설계하고, 교육 및 시범 운영을 거쳐 전사에 적용하는지,
더 나아가 지속성장을 위한 발판을 마련하는 방법까지 함
께 살펴보았다.

　이번 장에서는 1부 '챗GPT시대 오피스 체인지 4.0, 어
떻게 구축해야 하는가'에서 집중적으로 다루었던 '사무 환

경'이 일문화 혁신을 어떻게 촉진할 수 있는지를 살펴보고자 한다. 그리고 일문화 혁신이 어떻게 사무 환경의 진화를 일으키는지 그 순환의 원리를 함께 짚어보고, 우리 기업에 그 원리를 어떻게 효과적으로 적용할 수 있을지 함께 알아보려 한다.

기존에 존재했던
사무실 공식의 파괴

우리가 알아차려야 할 가장 중요한 진실은 사실 그리 복잡하고 어려운 것이 아니다. 우리가 원했든, 원하지 않았든 이미 변화는 시작되었다. 머물지 나아갈지는 선택 사항이 아니라 기본 조건이 되었다는 것이다.

변화를 위해 가장 먼저 접근해야 할 것은 바로 '기존의 개념에서 벗어나는 것'이다. 사무 환경의 혁신을 위해서는 기존에 우리가 가지고 있는 사무실에 대한 오래된 공식 두 가지를 깰 필요가 있다.

첫째, 사무실은 일하는 공간이다

사무실에 대해 첫 번째로 깨야 할 공식은 바로 '사무실은 일하는 공간'이라는 것이다. 대체 사무실이 일하는 공간이 아니면 무엇이란 말인가? 이해가 잘 가지 않을 것이다. 물론 사무실은 앞으로도 일하는 공간의 기능을 할 것이다. 하지만 중요한 것은 사무실은 더 이상 '일하는 공간'만이 아니라는 것이다.

일하는 방식의 뉴노멀로 떠오른 '리모트워크'는 근본적으로는 '일하는 공간'으로서의 사무실을 해체하는 개념이다. 시간과 공간의 제약에서 자유로워진 근무자들이 일하는 공간으로 이미 사용해 왔던 '사무실'만을 택할 가능성은 희박하기 때문이다.

그렇다면 우리가 오랫동안 사용해 왔던 '사무실'이란 존재는 소멸하게 될까? 그렇지는 않을 것이다. 대신, 사무실은 일하는 공간이 아니라 다른 공간으로 기능하게 될 것이다. 앞선 1부 1장의 '챗GPT 시대 기업의 사무 환경 변화 트렌드'에서 소개했던 '콘택트 허브 오피스'를 떠올린다면 이해가 쉬울 것이다.

앞으로 사무실은 기존의 기능에서 한 단계 업그레이드

된 콘택트 허브, 즉 접촉과 소통, 교류가 일어나는 핵심 공간으로서의 기능을 갖추게 될 것이다. 리모트워크 근무 환경에서 놓치기 쉬운 구성원들 간의 교류와 소속감, 유대감을 증대시키는 공간의 존재는 앞으로도 더욱 중요해질 것이다.

둘째, 사무실은 물리적 공간이다

사무실에 대해 두 번째로 깨야 할 공식은 바로 '사무실은 물리적 공간'이라는 인식이다. 사무실은 더 이상 물리적 공간만을 가리키는 용어가 아니다. '메타버스'의 부상이 그것을 가능하게 했다.

메타버스는 또 다른 현실을 이야기하는 개념이지만, '메타버스 오피스'의 경우는 기존의 물리적 공간인 사무실이라는 현실이 확장되었다는 개념이 더욱 알맞을 것이다. 메타버스 오피스는 물리적 공간의 한계를 뛰어넘어 생산성과 효율성, 창의성의 혁신을 가져올 수 있는 도화선이 될 수 있다. 앞으로 우리는 사무실은 물리적 공간이라는 공식에서 벗어나, 메타버스 오피스 패러다임을 적극적으로 받아들일 필요가 있다.

| 사무 환경과 기업 문화의 관계 |

사무 환경

조직 구성원 / 기업

기업 문화(일문화)

이와 같은 사무실 공식의 파괴의 배경에는 기술의 발전과 코로나19 팬데믹이라는 시대적 상황, 그에 따른 '일문화 패러다임'의 변화가 존재하고 있다. 또한 바뀐 사무실의 패러다임을 통해 기술이 고도화되고, 일문화 혁신이 가속화되기도 한다.

위 도식과 같이 사무 환경과 기업 문화(일문화)는 순환적으로 서로의 혁신에 영향을 미치며 진화하고 있으며 이는 직접적으로 조직 구성원과 기업에 영향이 끼친다.

위의 요소들(사무 환경, 기업문화, 일문화, 조직 구성원, 기업)은 무엇 하나만 떼어놓고 이해할 수 있는 것이 아니다. 때문에 이런 원리를 이해하고, 우리 기업이 지금 어떤 순환 구조를 가지고 있는지, 그리고 원하는 모습이 되기 위해서는 어떤 변화가 필요한지 파악해야 한다. 그런 과정을 통해서 우리 기업에 알맞은 순환구조를 만든다면, 그것은 기업의 지속 성장의 든든한 발판이 되어줄 것이다.

북큐레이션 • 원하는 곳에서 꿈꾸고, 가슴 뛰는 삶을 살고픈 이들을 위한 책
《오피스 체인지 4.0》과 함께 읽으면 좋은 책. 기존의 공식이 통하지 않는 급변의 시대, 남보다 한발 앞서 미래를 준비하는 사람이 주인공이 됩니다.

스마트오피스에 대한 가장 완벽한 해답

스마트오피스 레볼루션

김한 지음 | 15,800원

10년 후에도 우리 회사가 살아남으려면?
스마트한 인재가 모이는 스마트오피스가 답이다!

예측하기 힘든 4차 산업의 혁명기 속에서 기업이 생존하려면 무엇이 필요할까? 바로 스마트한 인재(스마트 워커)다. 그들을 어디에서 찾냐고? 생각보다 어렵지 않다. 우리가 찾는 대신 그들이 우리 기업으로 오게끔 하면 된다. 이 책은 4차 산업 혁명 시대의 큰 물결 앞에서 경쟁력 확보를 원하는 기업에게 공간의 힘을 기반으로 한 기업문화 혁신 모델을 제시한다. 재택근무와 화상회의, 자율좌석제 도입을 넘어서 10배 생산성을 가진 스마트 피플이 마음껏 일하고 AI, 로봇과 함께 일하도록 기업 업무 환경에 혁신을 일으키는 방식을 제안한다.

새로운 도약, 판을 바꾸는 퀀텀 점프

컨설팅 경영 챌린지

황창환·황종현 지음 | 15,000원

시장에서 기업의 혁신을 이끈
경영혁신, 투자유치, IPO, M&A의 실전 노하우

이 책은 국내 유수의 대기업 컨설팅과 ㈜삼진어묵 CEO의 경험을 통해 기업 경영 컨설팅 분야에서 확고한 자리매김을 한 황창환 한국능률협회컨설팅 디렉터, 황종현 SPC삼립 대표이사사장의 노하우가 녹아든, 컨설팅 경영 혁신을 위한 친절한 가이드북이다. 위기 상황에서 경영자들은 사업구조를 새롭게 바꿔 시장에서 새로운 성장 동력을 얻어야 한다. 이 책은 그에 따른 반등을 위한 해법을 제시한다. 컨설팅의 이론과 실무를 겸비한 두 저자의 화려한 실전 컨설팅 경험 및 경영 노하우를 이 책을 통해 접해보길 적극 추천한다.

불황을 돌파하는
비즈니스
전략 통찰 34

턴어라운드 4.0

이창수 지음 | 17,000원

하이 아웃풋(High Output)을 만들어
기업의 턴어라운드를 발생시키는 전략

이 책은 기업의 멋진 항해를 도와주는 도구인 환경과 시스템을
구축하기 위해 기업과 경영인이 갖춰야 할 전략과 통찰을 정리
한 책이다. 저자의 30년의 경험이 녹아 있는 기업의 턴어라운
드 프로세스는 언제 사라져도 이상하지 않은 부실기업을 '강력
한 기업'으로 재탄생시켜줄 수 있는 비결을 상세히 알려준다. 무
엇보다 저자가 직접 경험하며 깨달은 기업 및 경영의 이치를 이
책에 알기 쉽게 풀어내, 누구나 쉽게 기업 경영의 이치와 이론을
이해하고 독자들의 각 상황에 응용할 수 있도록 하는 데 주안점
을 뒀다.

판을 바꾸는
질문 경영
챌린지

300% 질문 경영

박병무 지음 | 13,500원

생존을 위해 300% 성장하는 경영의
핵심 노하우가 실린 실전 지침서

이 책은 핵심을 꿰뚫는 리더의 질문은 능동적이고 생산적인 회
의 분위기를 만들고 리더의 경청과 인내는 기업 문화를 바꾸어
마침내 경영 프로세스의 체질까지 바꾸는 혁신으로 이어질 것임
을 보여준다. 그리고 리더의 질문과 조직 구성원들의 자발적인
피드백과 참여가 주를 이루는 질문 경영 전략을 제시하고 있다.
괄목할 만한 기업 생산성과 효율성의 향상을 꾀한다면 대기업,
중소기업을 막론하고 조직혁신의 지름길인 질문 경영 프로세스
로의 리셋 작업을 서둘러야 한다는 것을 이 책에서 질문 경영 성
과 사례들을 통해 피부로 느낄 수 있을 것이다.